Daqui há alguns anos, você sentir-se-á mais decepcionado pelas coisas que não fez, do que com aquelas que concretizou.

O que temos medo de realizar é geralmente aquilo que devemos fazer.

Se você não elaborar o seu próprio plano de vida, você terá grandes chances de acabar nos planos de vida de outras pessoas. E adivinhe o que elas têm planejado para você? Nada de mais.

A arte de concretizar

A mudança através da decisão de melhorar sua vida

Wagner Costa

Copyright © 2018 Direitos reservados para todos os países.

www.desenvolvimentopessoal.co

Acerca do autor

Desde minha tenra idade sempre gostei de partilhar no sentido de poder ajudar meu próximo na procura de soluções adequadas às dificuldades com que todos deparamos ao longo do percurso de nossas vidas. Tendo decidido partir aos 23 anos de idade do lar que compartilhava com meus pais, para um outro país para mim totalmente desconhecido, deparei-me com situações por vezes muito desagradáveis. Ultrapassei obstáculos correspondentes à falta de meios financeiros, escassez de alimentação diária, uma operação cirúrgica bastante grave, assim como também atividades profissionais que em praticamente nada me convinham. Todo esse conjunto de dificuldades ajudou-me a construir minha personalidade, forjar meu caráter e encontrar meu caminho de vida sob minha total responsabilidade. E é, sobretudo, graças à todas as experiências que vivenciei até hoje que adquiri os conhecimentos necessários à redação deste livro que desejo compartilhar consigo, com o objetivo principal de o ajudar a realizar pelo menos um de seus sonhos de vida. E saber que você conseguiu atingir uma meta que há muito não era capaz de concretizar, ao seguir os conselhos que lhe proponho, é sinônimo de que meu objetivo de o ajudar a melhorar sua vida foi realizado.

Prefácio

Nada é quem nada sabe,
Nada pode quem nada é,
Nada faz quem nada pode,
Nada tem quem nada faz.

Tudo que temos, tudo o que podemos, fazemos e somos, deriva daquilo que sabemos. Para termos um melhor tipo de vida, rica e próspera, devemos fazer o necessário para atingir esse objetivo. Só faz aquele que pode. Para poder, é essencial, antes de mais, ser-se alguém que pode, e só seremos com base naquilo que sabemos. Tudo tem início no aprendizado, e todo o resto é consequência.

Acreditar motiva-nos a agir, e sem ação não se aprende, não se progride, e por isso dificilmente conseguimos realizar nossos sonhos.

ÍNDICE

INTRODUÇÃO 7

PORQUE VOCÊ DESEJA MUDAR DE VIDA ? 9

DECIDA O PERCURSO DE VIDA QUE VOCÊ DESEJA SEGUIR 22

AS ALGEMAS MENTAIS QUE O IMPEDEM DE ALCANÇAR O SUCESSO 36

DEFINA UMA VISÃO CLARA E PRECISA DE SEUS OBJETIVOS 50

VOCÊ SABE REALMENTE QUEM VOCÊ É ? 64

O QUE VOCÊ DESEJA REALMENTE OBTER EM SUA VIDA ? 72

EM QUEM VOCÊ DESEJA TRANSFORMAR-SE ? 81

ADOPTE DESDE JÁ OS MECANISMOS DE SUCESSO 87

ADOPTE O SEU BOM ESTADO DE ESPÍRITO 99

PARE DE ENTREGAR O SEU DESTINO AO ACASO 110

DESPERTE O LÍDER QUE VIVE EM SI ! 121

PARA ALCANÇAR O SUCESSO, MUDE SEUS HÁBITOS 132

DEDIQUE-SE E ASSUMA O SEU NOVO TIPO DE VIDA 152

APRENDA A PENSAR DIFERENTE E A MUDAR DE PONTO DE VISTA 158

NÃO SINTA MEDO DO FRACASSO NEM DO SUCESSO 167

A arte de concretizar

UTILIZE AS FERRAMENTAS À SUA DISPOSIÇÃO 180

CRIE SUA LISTA DE SONHOS A REALIZAR 209

CRIE O SEU QUADRO DE SONHOS 216

DEFINA SEUS OBJETIVOS PARA OS PRÓXIMOS 12 MESES 224

COLOQUE-SE EM AÇÃO IMEDIATAMENTE 231

NUNCA RENUNCIE. SEJA PERSEVERANTE. 239

CONCLUSÃO 245

Introdução

Acreditando firmemente que nada acontece por acaso, que nada depende da sorte nem do azar, e que tudo resulta em consequência do que pensamos e de nossas ações, decidi compartilhar consigo os conhecimentos que fui adquirindo ao longo de meu próprio percurso de vida, e que, por experiência própria, me permitem ir realizando os meus sonhos.

Após ter analisado tudo aquilo que progressivamente foi-me possibilitando atingir minhas metas, consegui elaborar o método contido neste livro, com a intenção principal de ajudar os meus leitores em seus percursos de vida, no caminho que os levará ao sucesso, à realização dos sonhos que tanto almejam. A acreditarem em si mesmos, no que desejam realizar, e a convencerem-se de que são capazes de chegar onde pretendem, seguindo rigorosamente o caminho que definem para que tal aconteça.

Este livro é consituído de 21 licões, e cada uma delas contém um exercício que o leitor deverá efetuar, à razão de um por dia. O que não significa que poderá demorar, por exemplo, 2 ou 3 dias para completar um dos exercícios. O importante é não fazer mais do que um por dia, para desse modo poder realizá-los calmamente, conscienciosamente, pois estes o guiarão ao longo do percurso que o levará ao seu successo pessoal ou profissional.

Por isso, é importantíssimo o leitor munir-se de um suporte, que poderá ser um caderno, um tablet, tratamento de texto word em notebook, enfim aquele com o qual sinta-se mais à vontade e onde anotará cada um dos exercícios propostos e a efetuar, e que lhe servirão de orientação para atingir suas metas.

Lição 1

Porque você deseja mudar de vida ?

A maior parte de todos nós já sentiu certamente, como eu, a vontade ou a necessidade de mudar de tipo de vida, pois a que experimentam já não é satisfatória por diversos motivos. Ou, pelo menos, fazerem mudanças profundas em suas rotinas quotidianas, as quais já não correspondem às suas aspirações, nem aos seus ideais. No meu caso concreto, isso aconteceu após uma situação conflituosa profissional, em consequência da qual tive de imaginar várias soluções possíveis, de maneira que pelo menos uma delas estivesse em concordância com o que eu deveria definir como a mais sensata e eficaz para a resolução de meu problema pessoal. Nessa altura, sentia-me totalmente desamparado, aflito, e sem compreender por que uma certa circunstância de tipo muito negativa atingia-me como um raio de uma trovoada, de maneira tão repentina. Sentia-me como se estivesse escorregado no parapeito do terrasso de um aranha-céus, e em queda livre esperasse o momento em que espatifar-me-ia contra o solo da calçada, e tudo terminasse ali, naquele preciso instante.

Foi uma situação sensivelmente muito complicada e psicológicamente muito difícil de enfrentar. Comecei, então, analisando todas as oportunidades e possibilidades à minha disposiçâo, e que pudessem servir-me de orientação para poder iniciar uma atividade através da qual eu pudesse contribuir para ajudar meus semelhantes a evoluir, e por intermédio da qual eu pudesse obter algum rendimento em compensação. E foi em consequência desse acontecimento inesperado que eu compreendi e aprendi que nada acontece por acaso em nossas vidas. E também que frequentemente tudo o que experimentamos é o resultado do que pensámos, desejamos, e sobretudo de nossas ações. Embora as situações que devemos enfrentar sejam por vezes muito negativas do ponto de vista de nossa interpretação pessoal, estas acontecem muitas vezes de modo brusco, com o intuito de provocar uma mudança em nossas vidas, mas sempre com o objetivo de nos levar lá onde queremos chegar.

E, devido à esse súbito acontecimento em minha própria vida, hoje encontro-me aqui, neste preciso momento, a redigir este livro para tentar ajudá-lo à concretizar seus sonhos, os objetivos que tanto deseja realizar, mas que por diversos motivos você ainda não os conseguiu materializar.

Com dezesseis anos de idade parti do Brasil para Portugal, com minha mãe e irmão mais novo. Uma decisão tomada de maneira unilateral, por minha progenitora, e que nesse momento, assim como durantes os meses seguintes, causou-me um grande descontentamento e desconforto emocional devido à essa mudança tão repentina provocada em minha existência. Mas, finalmente, ao fim de doze meses tínha-me já integrado no meu novo país de residência, e tudo ía pelo melhor, quando alguns anos depois, no final de meus estudos secundários, fiquei a saber que minha mãe não seria capaz de suportar todos os encargos financeiros que provocariam o meu ingresso em uma universidade. Sem a possibilidade de continuar meus estudos, com grandes dificuldades em conseguir obter uma posto de trabalho devido à má situação económica do país em que vivia, tomei a decisão de pegar em uma mala com algumas roupas e partir em direção de outros horizontes a procura de novas oportunidades. E, foi assim que, com 23 anos de idade, uma bagagem e um saco às costas, com uma pequena quantidade de dinheiro, parti em direção da Suíça, onde não conhecia ninguém, onde não tinha nenhuma rede de contatos que pudesse acolher-me durantes os primeiros dias em que iniciaria a procura de minha primeira atividade profissional.

À partir desse instante, após ter decidido tomar a responsabilidade total de meu destino, durante trinta e seis dias dormi noites debaixo de pontes rodoviárias, outras nos corredores de estações de combóios, nunca mais do que cinco horas seguidas, com temperaturas que rondavam os oito graus negativos de noite e os três graus negativos de dia. Sem contar que, para poder alimentar-me durante o maior número de dias possível, em consequência da pouca quantidade de dinheiro que possuia, comia unicamente uma simples sanduiche ao almoço, acompanhada de um copo de leite, e repitia a mesma refeição ao jantar. Mas, finalmente, trinta e seis dias após minha chegada no país, consegui ser contratado para o exercício de minha primeira atividade profissional no ramo da restauração. À partir de então comecei compreendendo que tudo dependia de mim, que eu era o único responsável de tudo o que acontecia em minha vida, e que se eu encontrava-me ali, naquele momento, era por que eu, e ninguém mais, assim o tinha decidido. O que me fez perceber que daí para a frente a realização de meus sonhos dependiam do que eu penso, das ações que coloco em prática para os alcançar, não deixando nada nem ninguém inteferir negativamente ao longo do percurso que defino. Foi assim que, pelo impedimento de algo que eu desejava realizar (ingressar na universidade), uma mudança aconteceu em meu percurso de vida provocando uma redefinição de meus objetivos pessoais. E acredito que foi devido à todos esses acontecimentos que hoje encontro-me aqui, a escrever este livro, na tentativa de poder ajudá-lo a aceitar e a aproveitar certas mudanças que surgem em sua vida. Essas alterações podem acontecer de modo racionalmente desejado ou não. Mas, seja como for, nesses períodos devemos nos sentir capazes de as assumir e tirarmos proveito delas.

Uma enorme quantidade de circunstâncias podem provocar o desejo profundo de querermos fazer mudanças em nossas vidas à todos os níveis. Tal produz-se, sobretudo, em situações determinantes, como :

- Uma agitação desordenada constante na vida;
- Após um divórcio;
- Em consequência de uma mudança à nível profissional, pessoal;
- Uma doença, um acidente;
- Um casamento, a chegada de um bebê;
- Em períodos de crise económica e/ou financeira;
- Após um licenciamento profissional;
- Uma situação drástica no seio familiar, etc...

E também em várias outras situações em que nos sentimos fartos, cansados, desmotivados pela rotina que experimentamos em relação à profissão que exercemos, e possivelmente também por causa de conflitos constantes no seio de nossa própria família. O que nos leva à refletirmos sobre nós mesmos e sobre a vida que enfrentamos constantemente, devido à insatisfação que ressentimos.

Todas essas situações fazem com que à um determinado momento comecemos a sentir em nosso âmago uma espécie de intuição, um desejo profundo, um impulso em efetuarmos certas mudanças. E você, certamente, já sentiu essa vontade, teve esse pensamento, foi afetado por essa aspiração profunda. Caso contrário, não teria adquirido este livro. O tédio, a desmotivação, o desagrado que sente quando sai de casa para o exercício de sua atividade profissional. Ou vice-versa, quando após ter terminado o seu trabalho diário volta para casa. Ou mesmo, quando ao iniciar uma tarefa relacionada com um projeto que definiu realizar, tem a mesma sensação negativa, todos esses sentimentos são indicadores que revelam que você está seguindo no caminho errado.

Entre vários outros sentimentos, a serenidade é um elemento indispensável para que você possa sentir-se feliz à cada dia, para assim poder avançar com determinação e perseverança ao longo do percurso que o leva a alcançar as metas que define atingir. E um outro elemento importante, que serve de indicador de sua satisfação ou insatisfação pessoal ou profissional, é a sua percepção da passagem do tempo cronológico. Esses sentimentos negativos fazem com que você sinta que o tempo cronológico é longo, que custa muito a passar, causando-lhe aborrecimento, contrariedade, mau humor, ausência de alegria, de bem-estar, e de regozijo de suas experiências de vida. Ao contrário, quando você decide que deve provocar mudanças em sua existência à um ou vários níveis, para assim sentir-se pessoalmente ou profissionalmente em adequação com suas ambições, e desse modo começar a desfrutar daquilo que sempre sonhou, que sempre desejou construir, o tempo cronológico deixa de ser percebido por si como um incómodo sensorial. E desse modo, ao contrário de antes, você nem sequer o sente passar, em consequência do contentamento, do entusiasmo, da motivação que disso retira pelo fato de estar a executar e a criar algo com que sempre sonhou e almejou. Pessoalmente, eu encontrei aquilo que queria mudar em minha vida agora, isto é, partilhar consigo o conteúdo deste livro, com o objetivo principal de o ajudar. E após ter reunido tudo o que me foi necessário para o realizar, coloquei-me em ação para o concretizar.

Uma das vantagens que atualmente desfruto de minha decisão é a de não sentir o tempo passar. Acordo e levanto-me à cada dia com um sorriso nos lábios, repleto de energia, fé, alegria, vontade e motivação, pois :

- Não me sinto angustiado por ter de retomar uma outra jornada exercendo uma atividade que não me satisfaz;
- Exerço agora uma atividade que me fascina e me desperta mentalmente;
- Trabalho em um meio ambiente favorável, inspirador e estimulador : em casa;
- Sinto-me motivado, confiante, otimista;
- Posso transmitir, partilhar, ajudar meus semelhantes através de publicações que contém ensinamentos úteis tirados de minha própria experiência de vida, e que já proporcionou a realização de vários sonhos meus.

E você ? O que deseja mudar em sua vida ?

Cada qual tem sua própria resposta à esta questão, pois cada um de nós possui suas aspirações, suas ambições pessoais. E não vale à pena tentar querer imitar tal outra pessoa que você sabe que alcançou o sucesso no ramo profissional ou pessoal, pois individualmente você possui em sua natureza íntima um certo talento e a maneira de o colocar em prática para realizar objetivos, pois é uma aptidão particular. Você pode, sim, inspirar-se de percursos realizados por pessoas que conseguiram atingir suas metas, concretizar suas ambições, realizar grandes feitos, mas simplesmente para sentir-se, através delas, mais motivado, animado e determinado a colocar-se em ação, em direção daquilo que deseja realizar. Caso contrário, irá sentir-se frustrado, pois é você que deve encontrar seu próprio caminho, aquele que o faz vibrar, que o estimula, e que o faz sentir-se interiormente feliz. Descubra, então, esse talento, essa habilidade que está dentro de si, a espera de ser despertado, revelado, para poder começar traçando o caminho que deve seguir em direção da realização de seu sonho, desse seu desejo ardente que o persegue há tanto tempo, sem que você lhe tenha prestado a devida atenção até hoje.

Eu poderia dar-lhe os melhores conselhos do mundo, dentro de minhas possibilidades, claro, mas se você mesmo ainda não sabe o quer realizar, o que pretende fazer concretamente em sua vida, e se ainda não decidu colocar-se em ação para alcançar aquilo que ambiciona, estes de nada lhe serviriam. Comece, então, por procurar o que você deseja concretizar, o que quer mudar em sua vida, e juntos vamos, passo à passo, etapa por etapa, elaborar de maneira concisa o plano de ação que está mais adequado com todo o conjunto de recursos à sua disposição, para que ao longo deste livro você possa colocar-se em movimento em direção de sua meta, e sobretudo a atingir. E, para você subir o primeiro degrau da escada que o levará ao topo, onde a realização de seu sonho, de seu sucesso o espera, responda, por enquanto mentalmente, as seguintes questões. :

- Que atividade o faria saltar da cama de manhã, de forma entusiasmada ?
- Porque você o faria, e para quem ?
- De que forma essa sua mudança afetaria a sua vida ?
- Onde você deseja exercer as ações que o permita alcançar seus objetivos ?

No que me diz respeito, as minhas respostas são :

- Partilhar meus conhecimentos, minhas idéias, meus conselhos com meus semelhantes, tentando ajudá-los a progredir;
- Para através do meu próprio esforço, minha vontade de construir algo proveitoso, eu contribua para mim mesmo, assim como para o meu próximo, com produtos ou serviços que proporcionem evolução. E o faço para mim mesmo, para minha família, e todos aqueles que poderão usufruir de meus conselhos, de meu contributo;
- Proporcionando-me a satisfação de poder realizar algo de modo independente;

A arte de concretizar

- Felizmente posso exercer minha atividade em meu próprio lar, rodeado das condições que me são favoráveis;

Portanto, recebi muitos conselhos e opiniões desfavoráveis quando decidi transformar meu modo de vida geral, com a determinação de realizar meu sonho. Ouvi inúmeros conselhos, opiniões e comentários de pessoas que se diziam prontas a ajudar-me, mas finalmente apercebi-me que o que tentavam fazer era, sobretudo, assegurarem-se de que nada mudasse em minha vida, pois o que diziam-me era do tipo :

- Desiste dessa atividade; não tens noção do que estás a tentar realizar;
- Cuidado, você vai se dar muito mal profissionalmente;
- Isso é muito arriscado. Você corre um risco enorme de falhar;
- A concorrência é rude nesse ramo;
- E se não der certo ?! Se você não conseguir o que quer ?!
- Muitos já tentaram e fracassaram, etc...

E tantos outros comentários negativos que nem merecem serem aqui citados. Enfim, todos esses tipos de opiniões que me obrigariam, se eu o permitisse, se eu os aceitasse, a permanecer na situação de insatisfação profunda em que me encontrava, e a renunciar à realização de meus sonhos. Então, decidi escutar as pessoas apropriadas. Felizmente para mim, resolvi não prestar a mínima atenção às influências negativas, mas sim ouvir as de outras pessoas que me inspiravam, e que também um dia ousaram tomar as rédias de seus próprios destinos e alcançarem seus objetivos, como grandes patrões de empresas prósperas, grandes desportistas, grandes líderes internacionais, através da leitura de seus percursos de vida, disponíveis fácilmente através da internet. E foi à partir desse momento, em que comecei concentrando minha atenção sobre as recomendações desse tipo de pessoas otimistas, positivistas, crentes e confiantes em relação ao que desejavam e alcançaram, que a minha vida tomou a direção que eu desejava que ela seguisse.

Por isso, aqui e agora, tome a decisão você também de seguir o percurso de vida que você deseja traçar para si, de escutar as pessoas convenientes, e de agir agora, antes que você sinta que seja tarde demais, e passe ao lado de sua oportunidade. Imagine, por uns instantes, as vantagens que pode obter, visualizando durante alguns minutos o tipo de vida que quer experimentar. Coloque-se em uma posição confortável, interrompa todos os ruídos em sua volta que o possam encomodar. Feche os olhos, relaxe, e deixe sua mente mostrar-lhe a imagem do momento em que você se vê pessoalmente realizado, ao ter concretizado um de seus desejos mais profundos. Deixe a emoção invadir todo o seu ser, sem interferir conscientemente. Vá, faça o que lhe peço, antes de continuar sua leitura. E agora, que concluiu o que acima lhe pedi, faça o seu primeiro exercício no tipo de suporte que escolheu.

EXERCÍCIO 1

Responda por escrito, em seu suporte de exercícios, à seguinte pergunta, tomando o tempo necessário para refletir calmamente, serenamente, acerca do que você realmente e sinceramente deseja.

Porque você quer mudar o seu tipo de vida ?

Lição 2

Decida o percurso de vida que você deseja seguir

Decidir o caminho de vida que quer seguir é uma tarefa que só à você mesmo compete. É de sua inteira responsabilidade escolher e decidir a orientação que deseja dar ao seu destino, e não deixar-se guiar pelo acaso, nem permitir que outros decidam em sua vez a direção a seguir. Ultimamente alguém disse-me, comentando minha situação de vida pessoal :

- "Sim, mas você tem a sorte de poder aproveitar bem sua vida, escolher os seus horários de trabalho, exercer sua atividade em seu próprio lar, e planejar sua vida de maneira independente."

O indivíduo que lançou este comentário, à um certo momento de sua vida poderia ter ocupado um posto de trabalho que para outros seria muitíssimo iinteressante e bem remunerado. Há vários anos ele lamentava-se de que, apesar de ser um empregado modelo da empesa onde trabalha, de participar ativamente no aumento anual do lucro dela, de esforçar-se continuamente na aquisição de mais competência profissional através de formações contínuas, continuava sempre ocupando o cargo de um simples funcionário. E eis que, sem que ele contasse com isso, seu patrão propos-lhe um posto de quadro de empresa, com a responsabilidade de dirigir o departamento em que ele trabalha, consituído por vinte funcionários. Mas, por certos motivos, decidiu não aceitar a proposta. Alguns dias depois, fiquei a saber que esta pessoa recusou a oferta aliciante de seu patrão por que sentiu que não seria capaz de fazer frente ao desafio que lhe era oferecido, que não tinha uma personalidade de liderança, que sentia medo de assumir uma enorme responsabilidade como a que lhe era oferecida, que tinha medo de falhar, e vários outros pretextos. E tudo isso com o único intuito de poder evitar uma tomada de decisão pessoal e profissional que tornaria certamente melhor suas condições gerais de vida. E algum tempo depois, a última observação que ele lançou à meu respeito, foi :

- "Não compreendo, não acho normal, por que não fizeste nada de especial para mereceres e possuires o tipo de vida e tudo o que tens !"

Este comentário agrada-me particularmente, sobretudo por vir da parte de alguém que não conhece praticamente nada de minha vida, de minha atividade profissional anterior, e que procura constantemente esconder-se por detrás de desculpas, com a tentativa de justificar sua atitude de falta de coragem, de medo de assumir responsabilidades, de falta de iniciativa, de arriscar, de agir, em busca da realização de seus objetivos.

Faça uma seleção das pessoas que frequenta

Portanto, como você deve saber, faça o que fizer, você encontrará sempre pessoas que sentirão ciúmes e inveja do que você é, do que faz e do que possede. Sem contar que esse tipo de indivíduo encontrará sempre mil desculpas para afirmar que não podia fazer como você, que não tinha escolha, que tal tipo de vida não lhe seria conveniente, que não podia assumir o risco, que é necessário contentar-se com o que já se tem, e por aí em diante. Breve, aquele tipo de personagem que, faça o que você fizer, tente o que você tentar, estará sempre por perto pronto a criticar seus desejos, suas pretenções, suas idéias, suas ações. Por isso, lembre-se, caro(a) amigo(a), que você não consegue agradar à todos, e procure fazer uma seleção das pessoas que frequenta. Por que, como você sabe perfeitamente, entre suas relações pessoais existe sempre quem o critique, o tente desmotivar e o impedir de avançar. Em minha opinião, a sua atitude deve ser a de indiferença perante tais circunstâncias, e desse modo concentrar sua energia na reflexão, na decisão, e na perseguição do caminho de vida que você quer seguir.

A arte de concretizar

E, em consequência, só você tem a escolha entre :

1. Ser a pessoa bem sucedida que deseja ser;
2. Ou colocar-se do lado daqueles que passam o tempo lamentando-se, queixando-se, procurando sempre uma desculpa para não agirem em função do que realmente desejam profundamente, e até invejando os que triunfam.

A escolha depende unicamente de você, assim como a de a assumir plenamente. E, se é o seu caso, penso que chegou o momento de parar de ficar sentado no sofá durante horas seguidas assistindo televisão, levantar-se, respirar profundamente, decidir-se acerca do que aspira realizar, definir objetivos e colocar-se em ação para os alcançar. Está na altura de você deixar de passar tanto tempo nas redes sociais, dispersando sua energia, a maior parte das vezes com puras futilidades, sem que isso lhe proporcione algo de útil e proveitoso para sua evolução pessoal e profissional. Chegou a hora de você tomar a decisão, de uma vez por todas, de tomar o comando do seu destino, e de deixar de passar ao lado das boas oportunidades que surgem em sua vida, sem as aproveitar.

Da mesma maneira como o aconselho, eu mesmo tive que fazer uma triagem de minhas frequentações e hábitos, e hoje convivo com pessoas formidáveis que tomaram também a decisão de realizarem seus objetivos, seus sonhos, e continuam a atingir triunfos pessoais e profissionais, e isso é muito enriquecedor para mim. Esse tipo de pessoas, além de me influenciarem encorajando-me a seguir sempre em frente, em direção do que quero realizar, ajudam-me a perseverar em meus empreendimentos, em minhas opções, e a manter em mente a motivação e estima necessárias à obtenção de meus êxitos. Como é agradável, enriquecedor, satisfatório, interagir com esse tipo de pessoas, de nos sentirmos criar asas devido à inspiração que delas recebemos, e olharmos em direção do topo, em vez da ponta de nossos pés.

Nada é uma questão de sorte ou de azar

Eu mesmo poderia afirmar que tenho uma sorte enorme, mas finalmente sei que nada se passa dessa maneira. São os meus pensamentos, as minhas escolhas, as minhas ações, que fazem com que eu experimente o que acontece em minha vida. É em consequência da opção que escolhi, que finalmente levanto-me à cada manhã sentindo-me entusiasmado por poder redigir este livro e o partilhar consigo, para tentar ajudá-lo a alcançar o que tanto almeja. São as minhas escolhas que me permitem sentir a imensa satisfação de poder ler agradecimentos de meus leitores pelo facto destes sentirem-se realizados, jubilosos atualmente, por eu os ter ajudado a despertarem da monotonia em que viviam.

O seu dia à dia é o resultado do que você decidu, em pensamento, que ele será. Talvez mesmo inscoscientemente, sem que você se aperceba, a sua indisposição ou a sua alegria na jornada vivida é sempre o efeito de seu estado de espírito matinal. Então, por isso lembre-se e preste toda a atenção ao estado de espírito em que você encontra-se de manhã ao despertar, e antes de levantar-se, calmamente procure colocar-se em um bom estado mental, pois esta decisão irá influenciar as suas atitudes, suas ações e suas experiências ao longo do dia.

Participe em grupos de brainstorming (tempestade de idéias)

Quando você toma consciência e começa sentindo a impressão que está perdendo tempo de sua existência com coisas que começa achando supérfluas, para onde grande parte de sua energia é canalizada sem que nada de satisfatório aconteça para si, e que desse modo um sentimento de vazio começa invadindo seu ser, chegou certamente o momento de você investir sua força em direção de algo que anseia concretizar. Ao longo de nossas vidas existem períodos altos e baixos, dias mais motivantes do que outros, momentos em que nos sentimos mais ou menos entusiasmados. É precisamente nesses períodos baixos que você deve parar um instante, refletir acerca de suas aspirações pessoais, e decidir tomar a decisão de mudar seu tipo de vida, e não deixar nada nem ninguém o fazer mudar de idéias. Existe vários métodos eficazes para ajudá-lo a tomar decisões e a transformar positivamente seu rumo de vida, e um deles é o denominado brainstorming (tempestade de idéias).

O brainstorming é uma dinâmica de grupo utilizada como técnica para resolver problemas específicos, desenvolver novas idéias ou projetos, recolher informações úteis, e estimular o pensamento criativo. Para isso, você deve ter em conta que os elementos constitutivos do grupo devem ser pessoas com temperamentos positivos, mente aberta, decididas a avançar na vida. A técnica propõe que um grupo de pessoas se reúnam e utilizem seus pensamentos e opiniões a fim de gerar idéias inovadoras que levem adiante um objetivo, um projeto. O tempo de duração de uma sessão pode ser de alguns minutos até uma hora ou duas, dependendo do tema a tratar. Por isso, deve-se definir atecipadamente o tópico e o objetivo à que se quer chegar. Nenhuma idéia deve ser descartada, ou julgada como errada ou absurda, sendo que todas devem ser compiladas, anotadas através desse processo, para assim evoluirem até a solução final. Contudo, algumas regras devem ser respeitadas ao longo da sessão, como :

- O moderador : A sua tarefa é a de manter todos no foco da sessão. Ele faz as perguntas, pede à cada um dos participantes para fazer uma sugestão, e nenhum dos outros deve fazer comentários sobre elas. O moderador não comenta nem critica nenhuma proposta, mas limita-se a escrevê-la.
- É proibido debater e criticar as idéias apresentadas, pois causa inibições;
- Quanto mais idéias forem apresentadas, melhor;
- Nenhuma idéia deve ser desprezada. As pessoas envolvidas têm liberdade total para falarem sobre o que quiserem, dentro do tema da reunião;
- Para se garantir o bom funcionamento da sessão, deve-se apresentar de novo uma idéia modificada, ou combinação de idéias que já foram apresentadas;

- Deve-se ser estabelecido uma igualdade de oportunidades, ou seja, todos devem ter a possibilidade de exporem suas idéias;
- O moderador ajudará o grupo a traduzir a meta geral em um conjunto de objetivos específicos e mensuráveis;
- O grupo inteiro, e não um indivíduo ou pequenos grupos divididos, têm a responsabilidade, orientados pelo moderador, de classificar todos os problemas listados por ordem de prioridade;
- Ao terminar seus objetivos, o grupo deve responder às quatro questões chaves de gerenciamento :

  - O que queremos ?
  - O que temos ?
  - Como usaremos o que temos para conseguirmos o que queremos ?
  - Qual será o resultado ?

Essas sessões podem ser organizadas com uma frequência semanal, bissemanal ou mensal, aternativamente em casa, assim como em algum local combinado pelos participantes do grupo. Através desses encontros periódicos, você sente-se mentalmente reforçado, estimulado, motivado, seu espírito entra em efervecência e lhe surgem novas idéias que dão uma lufada de ar fresco à seus projetos, às suas pretensões pessoais, e o ajudam a tomar decisões importantíssimas para sua vida.

Pare de comprar ou acumular informações que não lhe servem para nada

Muitos têm tendência a ocupar uma enorme quantidade de tempo acumulando informações sobre um determinado tema, sem nunca tomarem uma decisão definitiva de aproveitarem tudo aquilo que já aprenderam, colocando esse conhecimento em prática em suas próprias vidas. Se você deseja realmente alcançar o sucesso, uma ótima opção é a de seguir rigorosamente os conselhos deste livro. Coloque em prática todas as etapas nele contidas, compreendendo, assimilando cada lição. E acima de tudo, efetue todos os exercícios propostos, um após outro, sem esquecer-se de nenhum. E você constatará que finalmente terá uma enorme probabilidade de conseguir concretizar sucessivamente os objetivos com que sempre sonhou. Mas, lembre-se que quando você tiver terminado de estudar este livro, e ter executado todos os exercícios, você tem que se colocar em ação para atingir suas metas, em vez de esperar que algo lhe caia do céu, gratuitamente. Por que é colocando em prática todas as etapas nele expostas, e principalmente agindo, que as boas oportunidades surgem, e que você sobe, degrau à degrau, a escada que o leva ao topo de seu sucesso.

Focalise a sua energia

Pare de se dispersar e correr atrás de várias lebres ao mesmo tempo, pois este é um erro frequente cometido por aqueles que lançam-se em seus percursos a procura do sucesso. Esse tipo de comportamento é característico daqueles que não definem um objetivo claro e preciso, e tentam em vez disso, clonar o sucesso alheio. Um dia, vão atrás de uma oportunidade, na semana ou mês seguinte atrás de outra, e assim por diante, até sentirem-se completamente exaustos e perderem toda a chance de sucesso.

Comporte-se como um(a) desportista de sucesso : focalize-se em suas qualidades, analise que competências pessoais você detém, para em consequência disso poder definir o projeto que melhor lhe corresponde. E, sobretudo, não tente imitar os outros, lançando-se em um tipo de projeto que não está em adequação com os seus próprios recursos, interesses pessoais, e nem o satisfaz interiormente.

Focalizando-se sobre um objetivo pessoal ou profissional de cada vez, você :

- Não sente-se esgotado;
- Economiza forças;

- É mais performante, mais eficiente;
- Permanece motivado;
- Faz mais facilmente face aos imprevistos, às dificuldades;
- Encontra soluções muito mais facilmente;
- Pode formar-se, informar-se, instruir-se mais facilmente, mais eficazmente;
- Avança com mais firmeza e segurança em direção de sua meta.

Por isso, responda agora à si mesmo :

- **Você sente-se pronto para tratar por tu o seu sucesso pessoal ?**

Se sua resposta é " Sim ! ", com uma atitude firme, determinada, eu o(a) encorajo fortemente a começar hoje mesmo colocando em prática todas as etapas indispensáveis contidas neste livro, para que você dê o seu primeiro passo em direção da realização de seu projeto, da concretização de seu sonho.

A arte de concretizar

O primeiro passo em direção da realização de seu sonho

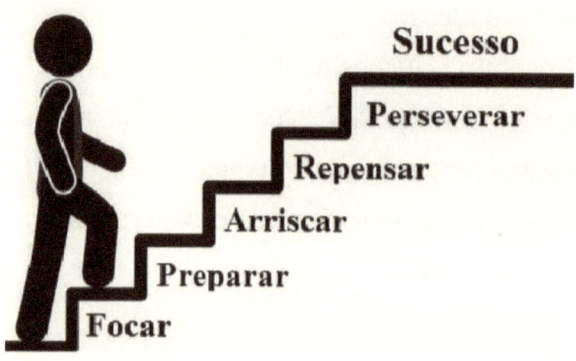

EXERCÍCO 2

Você tem, de certeza, uma idéia do que deseja fazer em sua vida, de sonhos que deseja realizar, os quais podem estar relacionados com :

- Formação acadêmica, fazer uma viagem, economizar um certo capital em um prazo definido, comprar casa, um automóvel, algum empreendimento pessoal, promoção de carreira, aumento salarial, exercer uma atividade profissional independente, fundar uma família, etc.

Considere todas as pistas possíveis de acordo com os objetivos que lhe correspondam, incluindo sonhos e desejos de sua infância, de sua juventude, e os que atualmente surgem em sua mente.

Cada um de nós sente a necessidade de encontrar o caminho que o leva à realização de seus sonhos, e você deve encontrar o seu.

Então, anote agora os seus desejos em seu suporte de exercícios.

Lição 3

As algemas mentais que o impedem de alcançar o sucesso

Todos temos, sem contudo tomar consciência disso, espécies de ataduras, algemas mentais que nos mantêm prisioneiros de situações que nos limitam na progressão em diversos setores de nossas vidas e nos impedem de realizar nossos desejos profundos, as ambições com que sonhamos. E, para você poder avançar, progredir no caminho que quer traçar para alcançar suas metas, é importantíssimo você transformar as crenças que o mantêm preso, e bloqueiam sua vontade de expansão.

Quer queiramos, quer não, a maior parte de todos nós sente-se acorrentado à algo que nos impede de :

- Avançar na vida, evoluirmos;
- Tomar o comando de nosso destino;
- Nos liberarmos de diversas pressões exteriores;
- Prosperarmos, progredindo em direção de um objetivo que almejamos;
- Saborearmos a vida como pretendemos;

➢ Evoluirmos, de acordo com a nossa própria visão do futuro, etc...

Todas essas limitações que o mantém preso em uma situação de inércia podem tomar várias formas, e estão enraizadas no mais profundo de seu inconsciente.

Pode tratar-se de :

➢ Um fardo do passado;
➢ Uma experiência traumatizante;
➢ Um certo tipo de educaçâo recebida;
➢ Uma grande falta de autoconfiança e autoestima, o medo de fracassar;
➢ Um preconceito físico ou psicológico;
➢ Um comportamento de timidez intensa, não sentir-se capaz do que almeja, etc...

Pouco importa o que agora o bloqueia, o essencial é você determinar onde está a causa, para poder liberar-se dela. Não são as pessoas, nem a sociedade, ou determinadas situações que o impedem de avançar, mas a maneira de você as interpretar. Seu sistema de pensamentos apoia-se sobre as suas crenças, que concretamente o acompanham ao longo da vida e influenciam suas decisões e a sua relação com tudo o que o rodeia, e determinando, em consequência, as suas escolhas. Aquilo em que você acredita firmemente tem tendência a realizar-se, por que você o aceita, e por isso atrai. Por vezes, uma análise retrospectiva de sua vida é o suficiente para detetar que ao longo do tempo você pode, sem dar-se conta, ter moldado uma carapaça indestrutível em sua volta, com o objetivo de proteger-se de algo, e desse modo ter-se isolado em sua bolha de segurança imaginária. Paralelamente, você pode ter-se transformado em uma pessoa excessivamente tímida, ter perdido a autoconfiança e autoestima, e ter-se tornado, possivelmente, em um indivíduo por vezes colérico, e algumas vezes até agressivo. E isso sem aperceber-se, simplesmente por que pode encontrar-se decalado atualmente em relação ao mundo que o rodeia.

Ninguém é capaz de ser suficientemente objetivo sob a influência de emoções. O medo, por exemplo, pode desencadear uma interpretação de ameaça imaginária de perigo, como o receio de se ser rejeitado, de não nos sentirmos amados, e tantos outros sentimentos negativos que nos levam a procurar todo o tipo de desculpas para não agirmos. Deixamos muitas vezes nossas emoções influenciarem nossas decisões, enquanto que estas deveriam ser tomadas, principalmente, tendo como base o nosso conjunto de competências, e de modo racional. Por isso, é muito importante você identificar as crenças que o limitam, e assim distanciar-se de um esquema de pensamentos desvalorizantes que influenciam negativamente a imagem que tem de si mesmo, como por exemplo:

" É complicado, não sou capaz, é muito difícil, temo fracassar, o que dirão de mim se eu não conseguir..."

Esse tipo de pressão mental é o obstáculo de base à obtenção do seu sucesso, e afeta profundamente a sua autoestima, a sua autoconfiança. Embora não possamos mudar o mundo sozinhos, cada um de nós detém a capacidade e o poder de mudar a sua própria percepção do mundo que o envolve. E essa mudança deve vir do seu interior, da mudança da visão que tem de tudo o que o rodeia, e não do exterior. Transformando a sua visão do mundo, a percepção de seu próprio universo modifica-se ao mesmo tempo. Pois você vê agora todas as coisas como elas são, de acordo com as suas crenças, com as limitações que você se impõem, com os seus próprios preconceitos, e tudo isso dificulta o seu progresso pessoal. Alterando sua maneira de interpretar o mundo que o rodeia, decidindo vê-lo como deseja, o resultado é o renascer de sua vontade de evoluir, de sentir-se despertar mentalmente, de concretizar aquilo que tanto deseja, de colocar-se em ação para alcançar o seu sonho, pensando para si-mesmo :

"Eu sinto-me capaz, eu posso ser bem-sucedido, possuo a competência necessária, acredito em mim e no que quero realizar, e coloco-me em ação para o conseguir !"

Seus pensamentos determinam suas ações. Nós somos o que pensamos. E, continuando ao longo de sua vida acorrentado à uma situação de vida que não lhe convém, você permanece impedido, por sua única decisão, de experimentar aquele tipo de vida que tanto anseia, e da satisfação que pode sentir em realizar aquele sonho que tanto quer ver concretizado. Decidindo tomar as rédeas de seu destino, você liberta-se e experimenta a sua existência sob sua total responsabilidade, e não como outros, talvez, tenham decidido em seu lugar. E esse momento é para você aquele de sua liberação, pois à partir de então, você pode abrir sua mente e olhar o mundo que você e mais ninguém escolhe ver, repectivamente em relação à todos os aspectos de sua vida. E como é isso possível ? Simplesmente através de uma tomada de consciência. Por que, se você não tem noção de sua própria realidade, é muito difícil conseguir ver a claridade no fundo do túnel.

Você precisa tomar consciência :

- De seu tipo vida, de suas expectativas;
- De suas insuficiências, de suas fragilidades;
- De suas esperanças, seus desejos;

- De suas competências, seus recursos;
- Das limitações que impõe à si mesmo;
- De que é capaz de realizar coisas extraordinárias;
- Que deve acreitar em si mesmo e no que quer concretizar.

Você deve decidir e enfrentar a realidade que o impede de concretizar o que deseja, ousando olhar-se no espelho, olhos nos olhos, e tomar consciência que deve mudar a imagem que tem de si mesmo, para que, em consequência disso, o mundo em sua volta transforme-se naquilo que você quer ver, mesmo que por vezes você sinta que é um comportamento difícil de colocar em prática. E, enfim, adopte uma nova atitude e novos hábitos que o ajudam a romper o véu que obscurece o cenário que você quer que corresponda ao tipo de existência que deseja experimentar.

Dê provas de perseverança

Embora transformar suas atitudes e seus hábitos, para os fazer corresponder ao novo tipo de vida que quer desfrutar, possa parecer difícil através de sua visualização mental, a prática diária é a melhor maneira de romper as correntes e as crenças que o sufocam e o mantém preso no tipo de vida que já não lhe convém, e do qual deseja libertar-se. Por isso, é necessário você dar provas concretas de perseverança, motivação e autoconfiança, para, pouco à pouco, provocar a mudança desejada em sua personalidade. Surgirão, certamente, alguns obstáculos a tranpôr ao longo de seu percurso de evolução, como por exemplo pequenos retornos à comportamentos que quer modificar, mas isso não é grave, pois basta você tomar consciência deles e corrigi-los de imediato. Talvez você sinta, por vezes, a impressão de não avançar, de ter estagnado, e perguntar-se-á por que, sem portanto encontrar logo a resposta. É nesse preciso momento que você deve mostrar-se determinado e inflexível, e sentir-se :

- Mais forte do que os elementos negativos que surgem em sua volta;
- Mais forte do que pessoas que podem dizer-lhe : "Eu avisei-te...Abandona.";
- Mais forte do que as tentações que tentam convencê-lo de que é melhor continuar como está, que você não consegue mudar, e que é melhor renunciar.

Como liberar-se de todos esses obstáculos ?

Tudo depende de seu estado de espírito e de sua maneira de abordar a situação, pois contrariamente ao que muitos querem fazê-lo acreditar, não existe uma receita milagrosa, mas sim traços de carácter que são comuns entre os que são bem-sucedidos na vida. Mas, você não os encontrará em uma poção mágia, nem no fundo de um cofre, mas sim procurando no fundo de seu próprio ser, fazendo com que apareçam à superfície de seu consciente. E são esses seus traços de carácter que o permitem enaltecer-se e afrontar todas as dificuldades que podem surgir ao longo de seu trajeto em direção de seu sucesso pessoal. Você deve à partir de agora analisar as crenças que ao longo de sua existência foram-lhe enculcando em seu inconsciente, sabendo de antemão que não é uma obrigação sua continuar dependendo delas, de modo que estas persistam erigindo barreiras contra suas aspirações de vida.

Seu sistema de pensamento pode conter uma enorme quantidade de crenças limitantes, como por exemplo :

- "O dinheiro não traz felicidade." (Portanto contribui bastante para isso);
- "Não se consegue ter tudo." (Tudo é relativo à cada indivíduo, representando aspectos diferentes para cada pessoa);
- "A vida é muito difícil e complicada." (Em princípio, as experiências de cada um é o resultado de seus pensamentos e ações);
- "É preciso trabalhar duro para ganhar a vida." (Os que mais ganham, não são os que trabalham mais

duro, mas sim os que mais dinheiro ganham fazendo frutificar o capital).

E tantas outras convicções íntimas que o conservam acorrentado em sua zona de conforto, enraizadas nas profundezas de sua mente. E, geralmente, o modo como você experimenta sua vida é uma consequência daquilo em que você acredita firmemente. Se você pegar em tudo o que lhe pertence, como seus defeitos, suas qualidades, suas restrições, suas competências, suas emoções e obrigações, e entregar à um japonês, a vida deste transformar-se-á certamente, pelo simples motivo de que ele não tem as mesmas crenças que você, e por isso pensará e agirá de forma diferente da sua. E, como para tantas pessoas é, por vezes, bastante difícil desfazerem-se de suas crenças limitantes, e que mesmo sem se darem conta disso, orientam seus destinos de maneira tão negativa, abaixo proponho-lhe uma técnica que poderá ajudá-lo a desfazer-se dessas convicções que o bloqueiam.

Esta técnica tem como objetivo apoiar-se sobre experiências e factos racionais, a fim de provar por A + B que a sua crença está incorreta, e que é necessário efetuar uma atualização. Pegue em seu suporte de exercícios e comece anotando as várias etapas propostas, substituindo os exemplos citados por outros que sejam seus.

Etapa 1 :

Exprima seus sentimento em relação à um objetivo que quer realizar, imaginando que já o alcançou. Use seus 5 sentidos, vendo, ouvindo, sentindo, vivenciando-o mentalmente no momento presente;

Exemplo: "Eu sinto-me maravilhosamente bem e profundamente orgulhoso por que vivo de meu negócio, trabalhando 30 horas por semana."

Etapa 2 :

Exprima sua paixão, um desejo seu ardente.

Exemplo: "Minha paixão é escrever um livro, o editar e vender, por que é um desejo ao qual atribuo muita importância".

Etapa 3 :

Enuncia as crenças limitantes que o impedem de expressar plenamente essa sua paixão e de realizar seu objetivo.

Exemplo: "O contexto económico está tão difícil e complicado, que sinto receio em arriscar."

Etapa 4 :

Expresse agora o contrário de suas crenças limitantes.

Exemplo: "Muitas pessoas obtêm sucesso em perído de situação económica difícil."

" Não existe razão alguma para que eu não obtenha sucesso no que quero realizar, por que minha vontade, minha motivação, são enormes, e utilizo minha capacidade de agir diáriamente."

Etapa 5 :

Enuncie o que mais o satisfaz em sua vida.

Exemplo: "Sinto-me satisfeito pensando, imaginando e visualizando a realização de meu objetivo."

"Sinto-me satisfeito com a idéia de tentar e de agir para concretizar meus sonhos."

"Sinto-me satisfeito quando penso no contributo que darei aos meus semelhantes, atingindo minha meta."

Etapa 6 :

Enuncie uma série de fatos indiscutíveis que apoiam a realização de seu sonho.

Exemplo: "Conheço pessoas que, partindo de nada, realizaram grandes empreendimentos."

"Minha família já me apoiou em experiências difíceis e não existe razão para que não o façam novamente."

"Eu já provei várias vezes que sou um lutador, que sou capaz, quando passei tal exame, ganhei tal competição, ganhei tal concurso, realizei tal projeto, atingi tal meta."

Todas essas etapas permitem construir um cenário lógico para você adquirir novas crenças, corrigindo as negativas que estão enraizadas em seu inconsciente e o prejudicam enormemente. Esse corretivo é constituido dos seguintes elementos que você deve escrever em seu suporte de exercícios, de acordo com o que anotou em cada etapa de 1 à 6 em relação com o seu objetivo, e da seguinte maneira,:

"Se minha paixão é escrever um livro",
"E, como eu sinto-me satisfeito com a idéia de o fazer",

"E, como eu sinto-me exultante com a vontade de tentar e de agir para concretizar meus sonhos",

"E, como conheço pessoas que partindo de nada realizaram grandes empreendimentos",

"E, como já provei várias vezes que sou um lutador, quando passei tal exame, ganhei tal competição, realizei tal projeto",

"Então, é lógico eu pensar que sou completamente capaz de escrever um livro com os meios que disponho, qualquer que seja o contexto económico atual".

Não esqueça que os únicos limites que você tem são aqueles que você se impõe. E, que são os seus pensamentos e suas ações que determinam suas experiências. Por isso, à partir deste instante preciso, aprenda a parar de pensar no que você não deseja, e pense sempre, ao contrário, no que você realmente quer realizar.

EXERCÍCIO 3

Chegou agora o momento de você romper as correntes que o mantém preso às suas crenças limitantes, e que o impedem de avançar em direção de seus sonhos. Existe, certamente, uma quantidade delas adquiridas através de situações na sua infância, do tipo de educação recebida, de um algum trauma sofrido, de situações negativas experimentadas, etc.

Em seu suporte de exercícios :

Anote as principais algemas mentais que o prendem, as crenças que o limitam, o impedem de agir para realizar seus sonhos, e utilize as 6 etapas descritas nesta lição para corrigi-las.

Lição 4

Defina uma visão clara e precisa de seus objetivos

Uma das principais causas de insucesso é a falta de uma visão clara e precisa do futuro que ambicionamos. Imagine que quer partir em viagem sem saber precisamente onde pretende ir, sem um plano nem um itinerário. A probabilidade de você chegar onde deseja é muitíssimo baixa, senão nula. E é esse o problema de todos aqueles que à um determinado momento decidem mudar de vida, realizar algo com que sonham, assumir seus destinos. Dizem à si mesmos que o querem fazer e lançam-se na aventura sem preparação alguma. A maior parte dessas pessoas não chegam à lado algum, em relação às suas intenções, não conseguindo realizar concretamente o objetivo que se fixam.

Peguemos em um exemplo : Exercer uma atividade independente.

O que significa trabalhar como independente ?

> Que tipo de atividade pretende exercer ?
> Em que ramo de atividade detenho competências ?

- Com que recursos ?
- Trabalhar em seu próprio lar ?
- Exercer a atividade abrindo um gabinete ?
- Criar uma PME ? Abrir um comércio ?
- Criar uma empresa online ?
- Sob que forma jurídica, etc...

Como pode constatar, existem muitas questões às quais responder antes de decidir que caminho quer seguir, e apenas mencionei uma pequena e simples amostra de perguntas que você deve fazer à si mesmo, antes de decidir o que quer realizar. É por esse motivo que você deve, antes de mais, ter uma visão clara e precisa daquilo que deseja concretizar em sua vida.

Como ter uma visão clara e precisa do que você quer ?

Tudo depende do que você deseja ser, fazer e obter. Assim como do tempo que está disposto a dedicar para o conseguir. A primeira coisa que você deve fazer é efetuar um balanço de sua vida, para assim definir o seu ponto de partida. É partindo desse constato que você poderá definir o que deseja concretizar. Na redação do balanço de sua vida, não focalize-se únicamente nos aspectos negativos, mas também em todos os bons momentos que vivenciou. Deles fazem parte os momentos de alegria, ações altruistas, voluntariado exercido, sucessos obtidos à todos os níveis, conquistas diversas, certificados ou diplômas conseguidos, objetivos alcançados, metas atingidas , etc. O objetivo é você descobrir o que o faz vibrar, o entusiasma, e o que provoca-lhe emoção ao imaginar o seu presente e o seu futuro com autoconfiança e a vontade firme de obter êxito.

Pegue agora em seu suporte de exercícios. Divida uma folha em 2 colunas. Na do lado esquerdo anote os aspetos negativos de sua vida. Na coluna da direita, anote um máximo de aspetos positivos experimentados. Algumas pistas para as duas colunas :

- O que você gosta de fazer, e o que detesta fazer ?
- Que más e boas ações você cometeu no passado ? E atualmente ?
- Mencione seus fracassos e seus sucessos passados e presentes;
- O que há de mau e de bom em suas relações pessoais ?
- E em suas relações profissionais ?
- Quais são suas frustações pessoais e profissionais?
- Que experiências más e boas você já vivenciou ?
- Que sonhos de juventude ou de infância você esqueceu, ou ainda não realizou ?
- Quais são os seus desejos atuais?, etc...

Na tentativa de melhor o guiar na realização de seu balanço de vida, veja na figura seguinte um pequeno exemplo de quadro a elaborar.

Balanço de minha vida

Negativo	Positivo
Não gosto de ser comandado	Obtive um diplôma de...
Acomodei-me em minha zona de conforto	Quero ser promovido profissionalmente
Não me sinto ambicioso	Tenho uma família que amo
Sou procrastinador	Sou apreciado pelos meus amigos
Sinto medo de arriscar	Alcancei êxito em ...
Não tenho objetivos definidos	Ganhei um concurso de ....

O que fazer com o balanço de sua vida ?

O seu balanço de vida vai ajudá-lo a tomar consciência de sua situação atual, e a definir uma visão dos objetivos que deseja realizar. Por que ter uma visão clara e precisa do que almeja concretizar é uma força que você detém para poder imaginar o que lhe é possível alcançar, de acordo com o que você quer ser, fazer e obter.

Pense um instante em que situação você encontra-se atualmente em relação ao que realmente ambiciona. Sua atividade profissional, suas relações pessoais, o tipo de vida que leva o satisfazem ? O que é que tem obtido em resultado de suas várias atividades, comparado com as suas pretensões ? O que você tem realizado últimamente está de acordo com o tipo de pessoa que você é, ou deseja ser ? Se fechar os olhos uns instantes, e rememorar os últimos 12 meses, talvez concluirá que passaram 365 dias ao longo dos quais você certamente queria ser quem ainda não conseguiu ser, fazer o que várias vezes pensou concretizar sem ainda o ter alcançado, e ter algo com que você sempre sonhou sem portanto o ter atingido. Um ano parece curto quando, depois dele ter passado, você para relembrar mentalmente o que ao longo dele lhe aconteceu de bom e de menos bom. Mas, relativamente, esse mesmo espaço de tempo é longo, quando você pensa no que poderia ter realizado de acordo com suas aspirações.

Agora faça o contrário. Imagine-se projetado daqui há 12 meses. Quando aí chegar, o que é que você gostaria de ser, fazer e ter ? Feche os olhos durante um momento e esforce-se para visualizar esse instante. O que você vê ? A sua situação é idêntica à de hoje ? Ou nessa sua projeção consegue ver mudanças ?

Se nessa sua vizualização quase nada mudou, sejamos honestos, você é o único responsável por essa situação. Por que se não conseguiu observar mentalmente alguma modificação importante em sua vida, a razão mais provável é que você não tomou a iniciativa de definir um objetivo claro e preciso para sua vida. Então compreenda que chegou agora o momento para que daqui há um ano você tenha alcançado ao menos uma de suas metas mais importantes, e para tal reserve hoje um local e o tempo necessário para a definir. Assegure-se de que nada nem ninguém o incomode, e disponha de seu suporte de exercícios para anotar suas respostas, seguindo as instruções indicadas abaixo, ao mesmo tempo que utiliza a técnica da visualização. Reveja de maneira clara, precisa e bem definida o seu presente, por tipo de natureza : carreira profissional, vida pessoal e familiar, relações sociais, etc., e responda.

1. Avalie mentalmente a sua existência atual, o aqui e agora, respondendo às seguintes questões :

➢ Você sente-se satisfeito com o seu tipo de vida atual ?

2. Após ter respondido à questão anterior, pergunte-se :

➢ Em que áreas de minha vida sinto-me satisfeito e insatisfeito ?

- O que funciona bem, e mal, em minha vida atualmente ?
- O que é que eu gostaria de mudar em minha vida ?

3. Agora concentre-se em sua pessoa e anote as respostas às seguintes questões :

- Quais são as minhas competências pessoais ?
- De que recursos disponho para poder realizar meu objetivo ?
- Quais são as minhas forças e minhas fraquezas ?
- O que é que mais me inspira na vida ?
- Quais são os meus valores pessoais mais importantes ?

4. De acordo com todas as respostas dadas, desde a primeira pergunta, resuma a visão que você criou de sua vida atual e anote-a.

5. Agora pense no que você deseja realizar em sua vida à partir deste preciso momento como se já esteja acontecendo, como se seja já uma realidade sua. Não exclua nenhuma possibilidade, deixe seu desejo exprimir-se, sem limite algum, e anote sua resposta.

À partir de suas anotações, defina uma lista seletiva dos principais objetivos que deseja alcançar, e procure agora elaborar um mapa mental (mind mapping) de sua meta prioritária. Mas antes explico-lhe do que se trata, no caso de ainda não o conhecer.

O que é um mapa mental ?

Mapa mental é um diagrama usado para representar idéias, tarefas, projetos, metas, ou outros ítens, ligados à um conceito central, dispostos em volta desse conceito com conexões entre porções de informações sobre o tema. Os elementos são arranjados intuitivamente de acordo com a importância dos conceitos, que são organizados em grupos, ramificações ou áreas, à partir da idéia central. Isto é, o tema do mapa mental no centro, os tópicos e subtópicos em direção do exterior, seguindo a lógica representada na figura abaixo

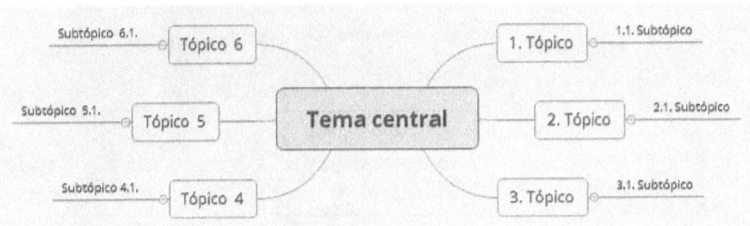

Exemplo, passo à passo, da criação um mapa mental

O processo de criação de seu mapa mental realiza-se da seguinte maneira :

1. Comece pela parte central. Em seu suporte de exercícios, escreva no centro a palavra, dentro de um quadrado, retângulo ou círculo, que representa o tema central sobre o qual você quer pensar.

No caso de uma lista de compras no supermercado, observe a ilustração abaixo.

Compras de supermercado

2. Em volta do tema central escreva os principais tópicos que estão relacionados, ligando-os através de galhos à idéia central, como na ilustração abaixo.

3. Desdobre cada um dos tópicos em subtópicos, conectados ao tópico correspondente, que no caso deste exemplo fica como ilustrado abaixo.

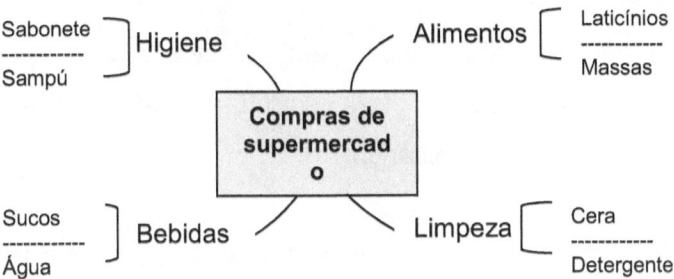

No caso de você efetuar seus exercícios em um suporte digital, abaixo indico-lhe alguns aplicativos gratuitos que pode descarregar por internet, para a realização de seu mapa mental (mind mapping).

- https://xmind.br.uptodown.com/windows (freeware xmind em português)

- http://www.baixaki.com.br/download/freemind.htm (Freeware Freemind em português)

- https://freeplane.br.uptodown.com/windows (Freeware Freeplane em português)

Tendo compreendido como elaborar o seu mapa mental, pegue na lista seletiva de objetivos que descreveu anteriormente e escolha a sua meta prioritária, a que deseja realizar à partir deste instante.

E à partir do título desse seu objetivo, realize agora o mapa mental que o fará estruturar todas as etapas necessárias para o alcançar.

Em resumo, as etapas que deve efetuar por ordem lógica, para o meu exemplo, e tendo em conta que você deve utilizar as suas respostas, são as seguintes, como ilustrado no quadro abaixo :

Balanço de minha vida

Negativo **Positivo**

Negativo	Positivo
Não gosto de ser comandado	Obtive um diplôma de ...
Acomodei-me em minha zona de conforto	Quero ser promovido porofissionalmente
Não me sinto ambicioso	Tenho uma família que amo
Sou procrastinador	Sou apreciado pelos meus amigos
Sinto medo de arriscar	Alcancei êxito em ...
Não tenho objetivos definidos	Ganhei um concurso de ....

Meus objetivos principais, por ordem de prioridade

- ➢ Escrever um livro em 12 meses sobre as condições sociais em meu bairro;

- ➢ Concluir uma formação de operador em informática;

- ➢ Visitar os Estados Unidos.

Mapa mental da meta prioritária

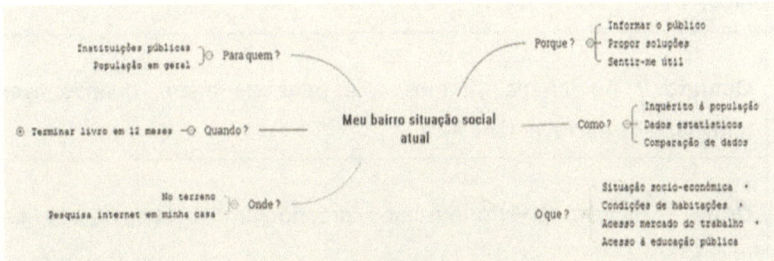

Ação a desenvolver

Dado de entrada : Escrever um livro em 12 meses sobre a situação social em meu bairro de residência
Porque ? Para informar o público, propor soluções e sentir-me útil
Como ? Através de inquéritos à população, dados estatísticos e comparação das respostas obtidas
O que ? Estado atual da situação socio-económica, condições de habitação, acesso ao trabalho e à educação
Para quem ? Para as expor às intituições públicas e à população em geral
Quando ? Ao fim de 12 meses, à partir de agora, quando tiver terminado de escrever meu livro
Onde ? Escrevo o livro em meu próprio lar, e outros locais, se necessário.
Dados de saída : Promover meu livro através das redes sociais, blogs e outros meios especializados

EXERCÍCIO 4

Erga o véu que obscurece a percepção de seu mundo e que o impede de ver claramente além do seu horizonte limitado atual, praticando a visualização mental de quem você quer ser, do que quer fazer e obter em sua vida.

Defina precisamente a visão do que deseja realizar agora e não a perca mais de vista, mantendo-a constantemente em sua mente.

Baseando-se nas anotações que escreveu ao longo desta lição, tendo como início o balanço de sua vida, e como método o exemplo que expus :

Estabeleça as suas 3 etapas do seu mapa mental, e o seu quadro de ação a desenvolver, no seu suporte de exercícios.

Lição 5

Você sabe realmente quem você é ?

Antes de lançar-se de corpo e alma na realização de seu projeto, seja totalmente honesto consigo mesmo e tenha a certeza do que quer fazer e obter em sua vida. Para isso, você deve antes de mais, aprender a conhecer-se de maneira completamente sincera. Não lhe servirá de nada tentar enganar-se imaginando defeitos, e sobretudo qualidades que não possui. Por que para você manter um estado de espírito receptivo, confiante, determinado e coerente, com o qual contar à partir de agora, a honestidade é um elemento indispensável para você conseguir descobrir quem realmente é.

Pode ser um exercício um pouco difícil de se praticar, e ao qual por vezes você renuncia por causa do receio de descobrir certos traços de sua personalidade que esconde inconscientemente.

Mas o que é grave é o fato de não querer decididamente corrigir certos aspectos de seu caráter dos quais não gosta, e que influenciam negativamente a realização de seus sonhos.

Uma ferramenta para o ajudar a revelar-se

Você pensa saber quem é, mas conhecemo-nos raramente bem sem uma ajuda exterior. Em 1995, Joseph Luft e Harrington Ingham desenvolveram o que ficou denominado por "Janela de Johari", uma ferramenta que o ajuda a compreender melhor o seu tipo de personalidade. Ela é composta de um quadro constituído por 4 quadrantes que representam as 4 zonas de sua personalidade, como ilustrado na figura abaixo.

	Conhecido pelo eu	Não conhecido pelo eu
Conhecido pelos outros	EU ABERTO	EU CEGO
Não conhecido pelos outros	EU SECRETO	EU DESCONHECIDO

Explicação dos quadrantes da janela

Quadrante # 1 : Representa a parte pública ou aberta de sua personalidade, a que conhece e mostra aos outros em função do grau de confiança que você atribui à cada pessoa com quem relaciona-se. É nesta área que você encontra as informações nas quais sente confiança e com as quais sente-se em segurança. É por esse motivo que você não hesita em partilhá-las, como por exemplo o seu nome, sua idade e onde mora.

Quadrante # 2: É a sua área cega. O que você não conhece de si, mas que os outros sabem de você. Talvez tenha consciência disso ou não, mas você deve saber que não conhece tudo sobre si mesmo. Existe uma parte de sua personalidade que é percebida pelos outros, mas que permanece oculta pra você, sem que tenha consiciência disso. Pode tratar-se, por exemplo, de maus hábitos que adquiriu e que emergem inconscientemente em certas ocasiões. Basta por vezes fazer um pequeno teste, como instalar uma câmera de filmar em sua casa, que funcione durante um certo tempo ao longo de um convívio seu com outras pessoas, ou em seu quarto durante sua noite de sono. Desse modo, revendo a filmagem, você vai detetar certamente alguns traços de sua personalidade que lhe eram desconhecidos, como por exemplo o seu nervosismo durante um debate, o seu olhar furioso em direção de alguém, o fato de ressonar ou falar durante o sono. É muito importante você tomar consciência deste segundo quadrante, por que em certos casos as informações que ele esconde podem-lhe ser prejudiciais, ou em outros casos revelarem um grande potencial para si. Basta você acompanhar certas emissões de TV, onde são descobertos vários talentos em tantos candidatos, sem que eles mesmos tivessem consciência de certas habilidades que detém de modo inconsciente.

Quadrante # 3 : Representa a sua área secreta. O que você conhece de si, mas que os outros ignoram, como por exemplo seus medos e preconceitos, seus desejos mais íntimos. É a parte definida como seu jardim secreto, contendo as suas características que não deseja revelar aos outros, sendo por isso a parte mais vulnerável de sua personalidade. É a área que contém as suas dúvidas e seus receios, a que não quer que os outros conheçam e por isso você faz todo o possível para não a revelar à ninguém, ou então somente à uma quantidade muito restrita de pessoas nas quais deposita total confiança.

Quadrante # 4 : Esta é a área desconhecida de si e dos outros. Nem você, nem os outros, sabem o que ela contém. É a área mais surpreendente e reveladora de sua personalidade, pois comporta as suas motivações inconscientes, o seu desconhecido. Ela refere-se às ocorrências de sua primeira infância, à potencialidades latentes, à recursos ignorados, e à sua dinâmica pessoal. Esta área é-lhe crucial por que abriga todo o potencial inexplorado e desconhecido de sua personalidade. Ela nunca foi descoberta e é seu dever revelá-la e fazê-la ressurgir, pois nela reside as suas melhores oportunidades, e principalmente a sua criatividade.

Aprenda a utilizar esta área, por que o seu "eu desconhecido" detém a chave de seu sucesso, através de talentos e/ou habilidades adormecidos, e que só você os pode fazer despertar.

Agora é a sua vez de agir, e para facilitar a elaboração de sua janela de Johari pessoal, siga o exemplo abaixo, usando o seu suporte de exercícios e suas próprias respostas.

A minha janela de Johari

Área pública Conhecida de mim e dos outros	Área cega Conhecida só dos outros	Área secreta Só eu conheço	Área desconhecida Desconhecida de mim e dos outros
Sou franco, honesto	Quero ter sempre razão	Procrastinador	Reação face ao fracasso
Positivista	Agitado	Ciumento	Reação face ao sucesso
Brincalhão	Desconfiado	Prepotente	Reação face à morte
Atencioso	Severo		Talento para escrever ?
Bom conselheiro	Ganancioso		Talento de orador ?

Descubra agora quem você é realmente

Depois de ter preenchido a sua própria janela de Johari para descobrir quem você é realmente, e a fim de melhor determinar seu presente e seu futuro, você tem que avaliar suas fraquezas e suas forças pessoais. Para isso, pegue em seu suporte de exercícios e divida uma folha em duas colunas intituladas "Minhas forças" e "Minhas fraquezas".

Baseando-se em seu autoconhecimento, comece preenchendo as duas colunas de maneira franca e íntegra. Peça também ajuda à pessoas de sua confiança, que o conhecem bem no que diz respeito à sua personalidade, seu caráter, à sua pessoa em geral, para que lhe digam como o vêm e o que pensam de você. Peça-lhes para serem o mais honestas e sinceras possível. Não sinta receio, pois nada o fará mal, muito pelo contrário, pois poderá assim descobrir certas facetas de si que estão escondidas. E, mesmo que seja difícil aceitar e encaixar certas verdades, esse é um dos caminhos que lhe permite conhecer-se melhor e corrigir certos defeitos, para seu próprio bem.

Este exercício é muito importante e permite-lhe justamente tomar consciência do que o define como pessoa, por que quando você tiver definido concretamente seus objetivos de vida, saberá exatamente quais são os traços de seu caráter a melhorar. O importante é você ter uma descrição completa e exaustiva de sua personalidade.

Veja o exemplo abaixo, e preencha o seu quadro de forças e fraquezas.

Minhas forças	Minhas fraquezas
Sou organizado na minha atividade profissional	Tendência para a procrastinação
Sou disciplinado	Sinto falta de perseverança
Sou inteligente	Tenho falta de autoconfiança
Sou positivista	Falta de autoestima
Sou sensível para com meus semelhantes	Dispersão de minha energia
Sou bastante sociável	Sem definição de objetivos concretos
Sou muito simpático	Inércia para realizar meus sonhos

Em consequência dos exemplos que mencionei através da janela de Johari e do quadro de forças e fraquezas, ilustrados anteriormente, um exemplo de definição à pergunta : "Quem sou eu verdadeiramente ?" pode ser descrito da seguinte maneira :

"Eu sou uma pessoa muito apreciada pelas suas qualidades de inteligência, organização, sensibilidade,

sociabilidade e simpatia. Mas que deve vencer sua inércia pessoal, sua tendência a dispersar energia, a praticar a procrastinação, sentir autoconfiança e acreditar em si mesmo. Tenho que começar desde já a definir por escrito objetivos claros, precisos e concretos, para então elaborar um plano de ação para os atingir, mantendo-me perseverante. E finalmente colocar-me em ação para realizar meus sonhos."

EXERCÍCIO 5

Agora chegou a sua vez de conhecer-se melhor, e sua resposta à pergunta desta lição é importantíssima, pois você aperceber-se-á de que é muito mais do que o que pensa ser, e que o seu valor pessoal é bem mais elevado do que imagina. Usando a sua janela de Johari e seu quadro de forças e fraquezas, responda à seguinte questão, no seu suporte de exercícios :

"Quem sou eu verdadeiramente ?"

Lição 6

O que você deseja realmente obter em sua vida ?

Para traçarmos o caminho que o conduz em direção do topo de seu sucesso, da realização de seus sonhos, vamos determinar juntos o que você realmente deseja obter em sua vida. Existe sempre um ponto de partida e um ponto de chegada, qualquer que seja o percurso de vida que você deseja iniciar.

O seu ponto de partida corresponde à resposta que deu à pergunta "Quem sou eu verdadeiramente?", do exercício 5. Nesta lição, você determinará o seu ponto de chegada respondendo à questão : "O que é que eu quero realmente obter na minha vida?".

Se você não toma suas precauções e não prepara suficientemente bem a sua viagem em direção de sua meta, é-lhe muito difícil prever e definir o melhor itinerário que corresponde ao seu plano de ação, para atingir o seu ponto de chegada, que é a sua meta. A analogia entre o seu percurso em direção do sucesso e uma viagem de automóvel é aqui citada por que existem muitas semelhanças entre os dois, e que analisaremos juntos. Se você não sabe, não define e não planeja onde deseja ir, como quererá chegar lá ? Você pode, como certas pessoas, deixar-se guiar pelo acaso, como quem parte à procura de aventuras. Mas, é essa a boa solução quando se trata de um projeto de vida ao qual você quer dedicar a maior parte de sua energia ? De certeza que não. E essa é a razão pela qual você tem que definir seu ponto de chegada com precisão, isto é a meta que deseja atingir.

Porque definir uma meta de forma clara e precisa ?

Simplesmente por que permiti-lhe :

- Definir o seu ponto de chegada, o que quer realizar;
- Constituir uma estratégia para a atingir;
- Elaborar um plano de ação que o orienta ao longo do caminho;
- Manter-se motivado, confiante e persuasivo no que quer realizar;
- Permanecer em ação em função do objetivo que almeja;
- Sentir-se alegre, feliz e útil para si e seus semelhantes.

Como pode constatar, definir um ponto de chegada é indispensável à todo projeto e é por isso que lhe faço a seguinte pergunta :

"O que é que você realmente quer realizar?"

Sobretudo, evite responder "Quero ter muito dinheiro", pois essa é uma resposta pueril, fútil, subjetiva, por que o dinheiro é uma consequência positiva da realização de um projeto seu e não uma meta em si mesmo.

Quando você define como meta :

- Quero trabalhar como independente;
- Quero ser empreendedor;
- Quero ser mecânico;
- Quero ser investigador;
- Quero ser professor ou quero ser escritor, etc.

Todas são metas, embora com falta de clareza e precisão, pois em matéria de definição de objetivos, quanto mais preciso você for, mais elevada é a probabilidade de os alcançar.

Alguns exemplos de definição de metas precisas :

- Quero ser mecânico de automóveis;
- Quero ser investigador em neurologia;
- Quero ser professor de inglês;
- Quero escrever um livro sobre a autoconfiança.

- Quero ser escritor para trabalhar de modo independente;
- Quero ser bloguista no tema da jardinagem;
- Quero ser copywriter;
- Quero ser coach em eficácia profissional.

Frequentemente sou testemunha de pessoas que desejam exercer uma atividade profissional de forma independente. Algumas estão desempregadas e procuram uma maneira rápida de ganhar dinheiro. Decidem, de modo negligente, lançarem-se em empreendimentos através da internet sem os conhecimentos de base necessários, nem uma idéia precisa do que querem realmente fazer. Não têm a mínima noção do que significa o estabelecimento de uma atividade online, e muito menos de gestão e de desenvolvimento de uma empresa através desse tipo suporte. Partem para uma aventura, sem uma estratégia, nem um plano de ação, unicamente acreditando que tudo será simples, fácil, e que pouco tempo depois estarão colhendo dinheiro à pazada. E eis por que tantas pessoas dão de caras com o insucesso após lançarem-se em seus projetos. Não têm uma idéia clara e precisa do que desejam e lançam-se em um projeto mal definido, e que na maior parte das vezes nem lhes correspondem.

Por exemplo, você quer comprar uma casa. É um belo projeto incluído na categoria de objetivos de vida pessoal.

Mas, querer comprar uma habitação própria não é uma definição suficientemente clara e precisa, tendo em conta vários parâmetros a analisar previamente, como :

- ➢ A composição familiar;
- ➢ Quantidade de divisões da casa;
- ➢ A vida profissional do agregado familiar;
- ➢ A localidade onde pretende residir;
- ➢ Os serviços de proximidade, como escola, médico, hospital, farmácia, transportes públicos;
- ➢ A capacidade financeira e sustentabilidade de custos à médio, longo prazo, etc...

Cada objetivo deve ser formulado o mais claramente e precisamente possível, por que é graças à isso que você pode orientar a sua ação no bom sentido. Toda meta deve, portanto, ser determinda de forma que seja mensurável, realista e realizável, e reunir certas características de modo a poder ter uma utilidade precisa. Para tal, é corrente utilizar-se a ferramenta chamada **S.M.A.R.T.** que permite definir objetivos que o inspiram a lutar pelo seu atingimento, orientando a sua ação para o que realmente importa fazer, sem desperdiçar tempo e energia. A sigla significa : **(S)** para específico (specific, em inglês), **(M)** para mensurável, **(A)** para atingível, **(R)** para realista, e **(T)** para temporizável.

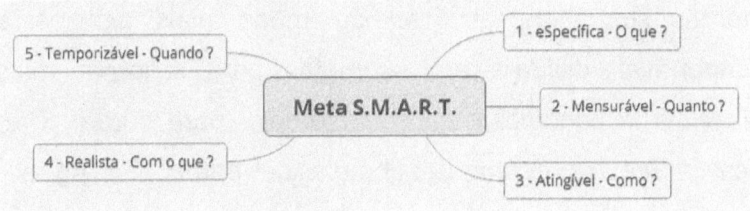

Específico (Specific): os objectivos devem ser formulados de forma específica e precisa. Não serve de nada você definir "Quero ser bem sucedido", "Quero ser feliz" ou "Quero ser rico". Qualquer destes objetivos é vago, por que os conceitos de bem sucedido, feliz e rico são ambíguos e subjetivos, o que significa que varia de pessoa para pessoa, podendo assim divergir segundo o indivíduo em momentos diferentes. Por isso, a sua meta tem que ser descrita de maneira clara e precisa, como por exemplo "Quero perder 8 kg em 4 meses".

Mensurável: os objectivos devem ser definidos de forma à poderem ser medidos e analisados em termos de valores ou volumes. Isto permite-lhe saber à cada momento o que já percorreu e o que falta percorrer do caminho que definiu, orientando-se à partir de seu plano de trabalho. Por exemplo, medir o seu peso à cada semana, de acordo com a meta de perder 8 kg em 4 meses.

Atingível: a possibilidade de concretização dos objectivos deve estar presente e estes devem ser alcançáveis. Para tornar sua meta atingível de modo mais simples e suportável, divida-a em submetas para a tornar mais facilmente concretizável. Por exemplo, para perder 8 kg em 4 meses, defina a submeta de perder 0,5 kg por semana.

Realista: os objectivos não pretendem alcançar fins superiores aos que os meios permitem. Para poder atingir sua meta, você deve dispor dos recursos necessários e disponíveis à sua concretização, e possíveis de serem mobilizados para tal. Para o exemplo da meta de perder 8 kg ao ritmo de 0,5 kg por semana, você tem que ter em conta que deverá consumir menos calorias do que as que queima, adaptando seu regime alimentar, e praticar possivelmente um pouco de desporto.

Temporizável: os objectivos devem ser definidos em termos de duração. A sua meta tem que ter um prazo limitado no tempo, para a sua execução. Para o nosso exemplo, será a definição : "Quero perder 8 kg em 4 meses, ao ritmo de 0,5 kg por semana, até a data x". Desse modo você alimenta sua motivação e sabe se ao fim de cada semana terá atingido sua submeta, assim como também se ao fim dos 4 meses, na data previamente definida, atingiu sua meta principal.

Em conclusão, a formulação do objetivo S.M.A.R.T. utilizado ao longo deste nosso exemplo seria :

"Quero perder 8 kg em 4 meses à razão de 0,5 kg por semana, até a data x, consumindo menos calorias do que as que queimo, adaptando meu tipo de alimentação e praticando um pouco de desporto."

Lembre-se de dividir sua meta em submetas, para desse modo poder constatar os progressos realizados e sentir-se em consequência disso satisfeito pelo fato de aproximar-se cada vez mais de sua meta principal. Por exemplo, se você deseja fixar a meta de escrever um livro que terá por volta de 200 páginas, o que é uma definição vaga, a formulação corigida é :

Meta principal : Escrever um livro de 200 páginas em 12 meses;
Submeta nº 1 : Escrever 20 páginas por mês;
Submeta nº 2 : Escrever uma página por dia.

Como pode reparar, declarar escrever uma página por dia torna a realização de sua meta principal mais fácil e simples, sem que você tenha de sentir-se pressionado e estressado, colocando em risco a concretização de sua meta. Dessa maneira, você alimenta sua automotivação e sua criatividade, podendo trabalhar de modo mais descontraído, eficiente e eficaz.

EXERCÍCIO 6

Em seu suporte de exercícios, e **respeitando a lógica da ferramenta S.M.A.R.T.**, formule a sua meta de maneira clara e precisa, respondendo à questão :

"**O que é que eu quero obter na vida?**"

Lição 7

Em quem você deseja transformar-se ?

Lentamente, mas seguramente, você está traçando o caminho que o conduz à destinação que escolheu como meta em sua vida. Começou por definir o seu ponto de partida, respondendo à questão "Quem sou eu verdadeiramente?". Logo à seguir, determinou o seu ponto de chegada, quando respondeu à pergunta "O que é que eu quero obter em minha vida?".

Hoje, você decide quem quer realmente ser, ou seja, em quem deseja tranformar-se para sentir-se aquele tipo de pessoa em tudo coerente com seus princípios, valores e objetivos que sonha realizar. É importante saber quem você deseja ser, pois isso permite-lhe projetar-se e assim poder utilizar o potencial inexplorado de sua personalidade, o qual encontra-se no quadrante # 4 de sua janela de Johari, realizada no exercício 5. Esse quadrante, lembre-se, reveste uma importância capital por que contém várias de suas habilidades pessoais que continuam desconhecidas de si mesmo e de todos, assim como os seus talentos latentes. É seu dever descobri-los e fazê-los ressurgir para os poder utilizar em seu favor.

A ciência tem provado ao longo do tempo que utlizamos unicamente uma pequena proporção do cérebro, assim como de nosso potencial invididual. E é ao longo de sua vida, em função de seus pensamentos, percepções, desejos, ações, e do trabalho que realiza sobre o seu próprio "Eu", que pouco à pouco você vai extraindo dessa sua reserva aptidões que lhe eram ignoradas.

Você possui em seu inconsciente um potencial extraordinário

Você possui imensos recursos que permancem a espera de serem descobertos e explorados, e para isso deve utilizar diariamente os mecanismos do sucesso que o aproximam cada vez mais de seu ponto de chegada, que corresponde à sua meta. Essa sua meta está relacionada com um objetivo que você almeja ardentemente alcançar e com o tipo de pessoa em que quer transformar-se. Cada um de nós ambiciona, intimamente, ser ou parecer-se com alguém. Se você perguntar à uma criança, ela responderá que quer ser bombeiro, enfermeira, médico, polícia, professora, astronauta, etc. Estes são apenas exemplos do que pretendem ser, mas não devem, sobretudo, ser confundidos com objetivos, que foi o propósito da lição n° 6, intitulada "O que você deseja realmente obter em sua vida ?". Isto por que ao longo dos anos que passam, muitas dessas crianças irão esquecer-se de seus sonhos, como certamente lhe aconteceu também. O que faz com que muito poucas entre elas transformar-se-ão em quem realmente desejavam ser no futuro. E agora, coloco-lhe diretamente a questão :

"Quem você quer ser ?"

Professor, contabilista, desportista, empresário, mecânico, autor, cantor, ...

Saber quem você quer ser, em quem deseja transformar-se, não é assim tão fácil como parece,. Para alguns, talvez não apresente grandes dificuldades, mas para outros aparenta ser bastante complicado. E com o intuito de o ajudar em sua decisão, menciono abaixo algumas pistas de orientação :

1. Comece por rever os resultados dos exercícios anotados em seu suporte, respectivamente às perguntas :

   ➢ Quem sou eu verdadeiramente? **(exercício 5)**;
   ➢ O que desejo obter na vida? **(exercíco 6)**.

2. À seguir, elimine de suas respostas tudo o que você não gosta, assim como tudo aquilo que não deseja fazer. Se, por exemplo, você sente fobia de

sangue, exclua tudo o que diz respeito à atividades relacionadas com o ramo da saúde, como enfermagem, socorrismo, medicina, etc.;

3. Faça uma avaliação de suas experiências, seus passatempos favoritos, para poder detetar a existência de algo que sobressai, que o faz vibrar emocionalmente, ou sorrir de satisfação ao pensar que está realizando esse objetivo;

4. Seja mais curioso e pesquisador. Caso sinta um pouco de dificuldade em definir quem deseja ser ou em quem transformar-se, investigue através da internet, em um dicionário de profissões, atividades diversas, assim como de formações profissionais;

5. Olhe em sua volta, pesquise na internet, para tentar perceber se existe alguém que o inspira devido ao percurso de vida realizado, ou que tem efetuado atualmente.

Seja como for, permaneça sempre aberto e atento às oportunidades e ao mundo do possível, por que você é a única pessoa que pode inventar e construir, aqui e agora, o seu presente e seu futuro. Tenho um conhecido que decidiu que quer ser conferencista. Para tal, cito abaixo a definição que ele descreveu acerca de quem ele quer ser.

"Quero ser um grande conferencista, reconhecido como tal no mundo inteiro. Eu sei que possuo os recursos necessários, e que nada nem ninguém me fará mudar de idéia. Eu adquiro as competências necessárias através de várias ferramentas à minha disposição, e adopto à cada dia o estado de espírito daqueles que alcançam o sucesso. Procuro oportunidades para me tornar conhecido e reconhecido em meu ramo de atividade. Não hesito em deslocar-me e produzir-me perante qualquer tipo de auditório interessado em minhas palestras. E tudo isso com a firme decisão de realizar meu sonho e tornar-me sempre melhor no tipo de atividade que exerço."

E garanto-lhe que o que ele diz, ele faz. E ao longo do percurso que definiu para atingir sua meta, através de uma estratégia e um plano de ação, ele tem sido cada vez mais requisitado, tornando-se desse modo cada vez mais conhecido e reconhecido no exercício de sua atividade de conferencista. Querer ser o que você deseja é ótimo, mas transformar-se na pessoa que quer ser é ainda melhor.

EXERCÍCIO 7

Na lição 5, você realizou o seu balanço pessoal servindo-se de sua janela de Johari e também estabeleceu o seu quadro de forças e fraquezas, o que constitui um ótimo ponto de referência para você detetar o que já realizou até hoje e descobrir o que mais gosta de fazer e o estimula acima de tudo.

À partir dessas referências, visualize mentalemente o tipo de pessoa que quer ser à partir de agora à nível pessoal, profissional, familiar, social.

Quando tiver terminado sua visualização, responda em seu suporte de exercícios à questão :

"**Quem eu desejo realmente ser ?**"

Lição 8

Adopte desde já os mecanismos de sucesso

Agora você já sabe quem é, em quem deseja transformar-se, o que quer obter na vida, quais são os seus projetos pessoais e profissionais. Mas, para alcançar o êxito você tem que colocar todas as chances de seu lado e isso passa obrigatoriamente pela utilização de algumas ferramentas essenciais à sua disposição. Você deixou-se levar pela corrente de sua vida ao longo do tempo e agora deseja pegar o controle de seu destino a fim de usufruir do tipo de vida que pensa que merece. O critério mais importante para isso é a abertura de seu estado de espírito ao mundo do possível. Sem essa característica, é-lhe muito difícil encontrar e lançar-se no caminho que o leva ao sucesso. É uma das razões por que tantas pessoas falham e permanecem à margem de seus precursos a espera que aconteça um milagre qualquer que as façam atingir suas metas. Esse tipo de fenómeno é praticamente inexistente nesta situação, salvo raras excepções, pois o verdadeiro milagre acontece em resultado da modificação em sua mente de sua própria percepção do mundo que o rodeia. À partir do momento em que você começa transformando em seu espírito a visão que concebe do mundo, este vai-se modificando em consequência da nova percepção que você lhe atribui. E à partir de sua nova impressão mental acerca de si mesmo e do mundo que o envolve, as circunstâncias e oportunidades que lhe são favoráveis começam surgindo, pois você as atrai. A principal oportunidade é, então, a de você decidir aqui e agora ser o comandante exclusivo de sua vida, e dar a direção que deseja ao seu destino.

Sentir o desejo de mudar as situações em sua vida é o primeiro degrau da subida da escada de seu sucesso, e para continuar essa ascensão você tem que adoptar certos mecanismos do sucesso que lhe garantem o triunfo.

Os mecanismos do sucesso

Infelizmente, poucas pessoas são capazes de acreditar nelas mesmas, na meta que desejam atingir, e na possibilidade que detém para serem bem sucedidas em suas vidas. Se você já tivesse confiado em si e no que já tentou realizar, sem ter posto em dúvida que era capaz de o conseguir, e tivesse acreditado firmemente que era possível, e sendo perseverante, certamente já teria materialzado muitos de seus sonhos. Mas, continuando a contentar-se de sua rotina quotidiana, é muito difícil abrir a sua mente ao mundo do possivel.

Você provavelmente ouve tantas vezes pessoas ao seu redor dizerem :

- Eu gostaria de ter casa própria;
- Ah, se eu pudesse levar o tipo de vida que imagino;
- Eu gostaria de mudar de atividade profissional;
- Gostaria de fazer algo mais interessante e útil para mim e para os outros;
- Eu gostaria de trabalhar por conta própria, etc...

E, logo depois, inventam desculpas, como :

- Já me sinto velho demais para isso;
- Eu não tenho competência necessária para exercer tal cargo profissional;
- Não me sinto pronto para assumir tal responsabilidade;
- A situação não é propícia para comprar casa;
- Minha situação financeira está complicada, etc.

E assim continuam a inventar desculpas para não passarem à ação, e em consequência arrependem-se um dia por não terem ao menos ousado realizar seus sonhos.

Os pensamentos que depois derivam desse tipo de inércia são do tipo :

- Se eu soubesse, tinha ao menos tentado;
- Se eu tivesse tido pelo menos coragem de arriscar;
- Se eu tivesse aproveitado aquela oportunidade;
- Se eu tivesse acreditado em mim e no que queria realizar, etc...

Você deve enfrentar seus receios, sem deixar-se influenciar pelo medo da mudança, e não resistir ao seu anseio de transformar seu destino naquele que tanto almeja. Para isso, você tem de começar por mudar o seu estado mental e tal acontece com a sua tomada de consciência, e na decisão de efetuar um trabalho sobre sua própria pessoa, afim de tansformar seus hábitos e adquirir novas atitudes. Desse modo, você dá início ao processo de instalação de uma nova sequência de padrões de pensamentos, e ao praticar seus novos hábitos, estes transformam-se pouco à pouco em reflexos automáticos, resultando em uma melhoria de seu desempenho na concretização de seus objetivos. A metamorfose de seu estado mental, assim como a aquisição de seus novos hábitos, ambos em relação com o tipo de pessoa que você decidiu ser, e com o que determinou obter em sua vida, pode parecer um pouco difícil de praticar no início do processo. Mas, ao ritmo de sua perseverança, esta provocará, em um lapso de tempo que o surpreenderá, a alteração do tipo de pessoa que você é, naquela que resolveu ser à partir de agora. A falta de dificuldade no princípio do processo de transformação de sua mente significaria que você não estaria provocando as mudanças que pretende, ou progressos nesse sentido.

É dessa maneira que você converte-se, abandonando suas antigas crenças obsoletas, sua forma arcaica de pensar, viver e agir, criando para si mesmo novas histórias pessoais que lhe correpondem mais satisfatoriamente, e novas experiências que o inspiram. Pois lembre-se que o que você já conseguiu concretizar, considera fácil atualmente, mas alguma vez no passado o considerou difícil. E o grande segredo de sua transformação mental está em você começar agora transformando a percepção que tem de si mesmo e do que o rodeia. Querer mudar de vida, tranformar sua visão pessoal e do mundo e triunfar é ótimo. Porém continuar desperdiçando seu tempo a espera de uma solução milagrosa nunca produz efeitos positivos.

Tudo começa em sua mente e sua perecepção do que pretende realizar, por que os resultados que você obtém em todos os ramos de sua vida são efeitos de seus pensamentos. À partir do momento em que você toma consciência que é o único reponsável de sua vida, você encontra certamente o caminho que o propulsa ao topo de seu sucesso. Por que você não é vítima do mundo que apreende, mas sim o autor de seu próprio destino.

E, neste instante preciso, você tem duas soluções :

- Decidir agir aqui e agora, em função do que quer realizar;
- Ou continuar apenas sonhando, deixando-se levar pelos caprichos da vida.

A decisão é unica e exclusivamente sua, por que ninguém o pode fazer em seu lugar. Só você a pode tomar, para de uma vez por todas dizer sim aos seus sonhos, aos seus projetos, à um modelo de existência em adequação com suas aspirações, com a sua vontade de vencer, de triunfar.

Vejamos agora, juntos, os mecanismos do sucesso que você tem que, à partir de agora, incluir em seu comportamento para atingir o êxito no que quer realizar, pois estes são a essência de seu sucesso.

Defina o seu projeto

Quem não planeja a própria vida está fazendo parte do planejamento de alguém. Definir um projeto de vida fortalece a motivação e a segurança no momento de tomar decisões, aumentando as chances de seguir pelo caminho certo. Ele é um plano colocado em papel para que se possa visualizar melhor por onde devemos seguir, mantendo sempre o foco nos objetivos.

Elabore uma estratégia

Quem não planeja sua estratégia está planejando fracassar. Identifique a sua missão e seus valores, juntamente com as metas e objetivos no âmbito pessoal que pretende atingir. A estratégia é a arte de você chegar em posição vantajosa e aplicar com eficácia seus recursos para ter a melhor chance de conseguir realizar o que deseja. Para alcançar um objetivo existem metas a serem cumpridas, e o "COMO" realizá-las é o caminho que nem todos sabem percorrer. Portanto, defina como você pretende executar suas tarefas e as etapas necessárias à concretização de seu projeto.

Redija um plano de ação

Um plano de ação é a definição estratégica de ações que devem ser feitas para voce chegar ao seu objetivo. Uma ferramenta utilizada para a realização de seu plano é o conceito chamado 5W2H, ilustrado pela figura da página seguinte.

Um bom plano de ação deve responder às seguintes questões :

Os 5Ws são: O que, Porque, Onde, Quando e Quem. **E os 2H são:** Como e Quanto.

Ao utilizar este conceito para montar seu plano de ação, você elimina todas as dúvidas que possam surgir na hora de criar e tornar as diretrizes conhecidas por si mesmo. Os 5W2H o ajudam a responder às seguintes perguntas de seu plano de ação:

O que precisa ser feito? (Quais etapas devem ser percorridas para a ação);
Por que precisa ser feito? (O que justifica esta ação?);

Onde será feito? (Em que local, em que departamento, etc.);

Quando deverá ser feito? (Qual o período em que a ação será aplicada e quando deve ser finalizada);

Quem fará? (Quem são os responsáveis pela ação);

Como será feito? (Quais técnicas, quais ferramentas, etc. são utilizadas para que esta ação seja feita);

Quanto custará? (Que custos estão envolvidos na tomada desta ação).

Esta ferramenta o ajuda a formalizar o planejamento e conduzir as suas ações, dando uma direção ao seu projeto e facilitando o acompanhamento do seu desempenho. Abaixo, exemplo de formulário para montar o seu próprio plano.

Plano de ação	
META	Reduzir em 30% o consumo de água
O QUE	Reduzir custos de eletricidade até 30% e economizar $75,00. Valor do gasto mensal atual ronda os $250,00.
ONDE	Todos os moradores da casa
PORQUE	Contenção de despesas
COMO	Trocar instalação elétrica. Conscientizar os moradores na utilização moderada do chuveiro elétrico. Lavar e passar roupa em maiores quantidades.
QUEM	Contratar empresa especializada em energia, e moradores da casa
QUANDO	01/01/2017
QUANTO	$1'000,00

Acredite em si mesmo

Acreditar em si mesmo é um dos atos mais positivos que você pode dar-se de presente, por que promove crescimento e desenvolvimento individual. Quando você acredita que pode, arrisca-se menos do que quando julga-se incapaz de fazer algo. As pessoas que não se sentem autoconfiantes ficam apenas em suas zonas de conforto e nunca exploram algo de novo. Se você mesmo não acredita em si, quem vai acreditar?

Acredite no que quer realizar

Tudo o que um sonho precisa para ser realizado é que você acredite que ele pode ser realizado. Quer você acredite que consiga fazer uma coisa ou não, você está certo. Por isso, creia que você pode ser mais do que é, dar mais do que dá. Acredite e não crie obstáculos em sua mente, mas comece agindo. Você possui talentos e só precisa exercitá-los. Não deixe que o medo de errar o detenha e o faça parar no tempo. Seja corajoso, creia em seu potencial, no que deseja realizar.

Acredite que é possível

Acredite que é capaz de superar qualquer desafio, pois os limites só existem na sua imaginação. Decida o que quer e confie que pode tê-lo. Creia que o merece e acredite que é possível. E acima de tudo, aja ! Sem ação nada se concretiza.

Adote o estado de espírito do tipo de pessoa que deseja ser

Adopte uma atitude, um estado de espírito de estóica imperturbabilidade, para conseguir conciliar o seu estado mental com a crença na concretização de seu objetivo. Uma atitude positiva ajuda a criar o sucesso. Desenvolva consecutivamente o processo de realização de seu projeto sempre como um vencedor, crendo no que faz e em suas capacidades para o conseguir.

Passe à ação !

Liberte-se de sua procrastinação e de sua inércia pelo poder da ação. Não espere acontecer, faça acontecer. Este passo é muito importante porque muitas vezes você planeja, pesquisa e reflete muito, mas sente medo de começar, de enfrentar o novo e o desconhecido. Por isso, entre em ação o mais rapidamente possível. Podem ser pequenas ações, mas faça, inicie seu projeto. Uma ação leva à outra e o movimento é a coisa mais importante na vida para transformações e mudanças. Você já tomou a decisão de que quer realizar o seu sonho. Então, tome coragem e vá em frente. **A palavra chave é**: **Ação** !

Saia de sua zona de conforto, da montonia que o enferruja.

EXERCÍCIO 8

À partir deste instante preciso, integre os mecanismos do sucesso em seus comportamentos, adoptando um novo estado de espírito, novos hábitos e atitudes, em adequação com a pessoa em quem você deseja transformar-se, e com o que deseja obter em sua vida.

Em seu suporte de exercícios, anote os mecanismos do sucesso a integrar em sua vida e elabore o plano de ação de sua meta prioritária, através de um formulário 5W2H., e redija o seu quadro de plano de ação, como ilustrado na página 97.

Lição 9

Adopte o seu bom estado de espírito

O primeiro e mais importante traço de caráter que você tem que modificar na sua personalidade para obter sucesso na realização de seus objetivos é o que diz respeito ao seu estado de espírito. Contrariamente ao que muitos pensam, ter um sonho a realizar não é a parte primordial do processo de sua transformação em quem você quer ser, obter e fazer em sua vida. O principal é a sua atitude mental e isso começa com a adopção de uma nova maneira de ser.

Uma das chaves do sucesso consiste na transformação e na aceitação de novos hábitos e comportamentos adequados às novas circunstâncias, para que você possa enfrentar eficazmente novos desafios. Você pode fazer o que quiser, sonhar com o que deseja concretizar, utilizar todos os meios ao seu dispor, mas se não incorpora em si um novo estado de espírito apropriado ao processo de realização de seu objetivo, muito dificilmente conseguirá triunfar. Este é o ponto de início de toda mudança. Mudando sua maneira de pensar, você tranforma os resultados que obtém, o seu comportamento geral, a sua qualidade de vida, e as experiências que vivencia. Enfim, o seu estado de espírito tem o poder de o propulsar em direção do sucesso que almeja, qualquer que seja seu ramo de atividade, e à todos os níveis de sua vida.

Adote o estado de espírito de um campeão

Observe as pessoas que triunfam naquilo em que decidem realizar, quaisquer que sejam seus ramos de atividade. Elas possuem traços de caráter em comum, e sobretudo sentem uma grande autoconfiança. E os principais elementos que você nota na personalidade daqueles que obtém êxito naquilo que realizam são :

- Detetam oportunidades à cada vez que são deparados com obstáculos;
- Substituem a frase "sim, mas..." por "sim, eu posso e o faço agora.";
- Não pensam em termos de problema, mas sim de desafios e soluções;
- Cercam-se de outras pessoas que triunfam, que os inspiram e motivam ;
- São entusiastas, por que focam-se constantemente em suas metas;
- Sabem que um pequeno fracasso é uma oportunidade para progredir, através da adaptação estratégica e do plano de ação.

E é dessa maneira que você também tem que se comportar, incorporando quotidianamente novos hábitos e uma nova atitude em sua personalidade, baseando-se nos mecanismos do sucesso apresentados na lição 8. Enquanto você continuar crendo profundamente que não é capaz de conseguir o que deseja, limitando-se através de seus receios inconscientes, você prossegue tomando decisões restringidas que o bloqueiam, em vez de o liberar. Você vale muito mais do que pensa, e mudando seu modo de pensar, você transforma positivamente os resultados de suas ações e a sua qualidade de vida. Lembre-se que o seu bom estado de espírito é uma das chaves do sucesso.

E agora alguns conselhos para você adoptar e incorporar o bom estado de espírito em sua personalidade :

Faça um balanço de seu estado de espírito atual

- Você é do tipo pessimista, triste, ansioso ?
- Sente falta de autoconfiança, de autoestima?
- É do tipo vacilante?
- Sente necessidade de prever tudo, de maneira obcecada?
- Sente medo de falhar ?
- Sente-se dependente do dinheiro de forma negativa?, etc...

É muito importante você conhecer-se o melhor possível, para então poder aplicar em si mesmo as correções necessárias. Após ter efetuado o seu balanço pessoal, substitua todos os aspetos negativos pelos respectivos opostos, e comece aplicando esses resultados na adopção de seu novo estado de espírito.

Sinta-se motivado

Sinta um desejo insaciável de ter sucesso e capacidade de recuperar de certos fracassos com determinação crescente para realizar o que definiu alcançar. A palavra motivação significa movido para agir e é o impulso interno que o leva à ação e está diretamente ligada aos seus desejos, necessidades e vontades. Por isso, dê o melhor de si naquilo que faz, tenha interesse em aprender, em adquirir conhecimentos, pois este proporciona-lhe crescimento. Seja responsável pelos seus próprios atos. E se algo corre errado, não desista. Nem sempre a vitória chega quando se espera. É preciso sempre extrair algum aprendizado de uma derrota, encarar as barreiras e vencê-las com dignidade.

Lute contra a procrastinação

A procrastinação é mais comum em quem é mais impulsivo, propenso ao perfeccionismo, que sente-se oprimido pelas opiniões dos outros, ou teme o fracasso. Quando você decide começar uma tarefa, em vez de estar sempre a adiá-la, você sente-se melhor e isso faz com que seja mais fácil continuar. Uma das razões de adiarmos o que devemos fazer é que as metas à que nos propomos são em geral grandes e vagas, o que as faz intimadoras e desagradáveis. Por isso, não se esqueça de dividir sua meta em submetas mais fáceis de serem realizadas, como lhe expliquei na lição 4. Você não deve esquecer a razão pela qual está realizando a sua tarefa e como ela se encaixa em suas ambições. Pergunte, sinceramente, a si mesmo: **por que eu devo começar?**

Pense e aja como um campeão

Todo atleta de alta performance mentaliza obstinadamente 3 palavras: **meta, foco, resultado**. Pense e aja com proatividade e nunca esqueça de suas prioridades. Assuma o controle de sua vida e lembre-se de viver com intensidade todos os momentos que dedica ao seu projeto. Acredite que você é um ser único, especial, e que merece vencer na vida. Você tem o poder de mudar sua vida para melhor. Basta acreditar que irá vencer todos os obstáculos e desafios ao longo de seu percurso em direção do sucesso. Acredite em você e em seu potencial.

Lembre-se: um campeão não se satisfaz com o sonho. Ele quer materializá-lo e está disposto a dar tudo de si para que isso aconteça.

Mantenha o foco

Lembre-se constantemente de sua meta e porque a escolheu. Pemaneça concentrado nela e não se deixe distrair dispersando sua energia com algo que pode desviá-lo de seu objetivo. Seja organizado em sua vida. A desorganização pessoal contribui para que você desperdice muito tempo e energia com o que não significa prioridades para avançar em seu projeto. Crie o bom hábito de criar listas diárias de suas tarefas prioritárias, pois é um passo importante no seu processo de focalização em seus objetivos. Visualize com frequência o resultado que quer obter. Ao compreender os motivos pelos quais quer atingir sua meta, manter o foco torna-se mais fácil.

Não diga "Vou tentar". Aja e faça acontecer !

Você pensa que os grandes campeões, os grandes vencedores, aqueles que concretizam seus sonhos, alcançam seus objetivos, atingem as metas que definiram, pensam "vous tentar" ? Certamente que não, pois o sentimento de dúvida os perseguiria desde o início de suas tentativas e os fariam falhar em pouco tempo. Eles investem-se completamente, determinadamente, em seus projetos, com a plena convicção de que conseguem concretizar aquilo que definem realizar. A maior parte das vezes, esses vencedores têm sempre um modelo que os inspira, um ídolo que lhes serve de exemplo através das próprias conquistas alcançadas.

Geralmente, aqueles que triunfam comportam-se de modo semelhante ao de seus ícones de referência, investigando os exemplos de proezas concretizadas em seus ramos de atividade, os seus hábitos, atitudes e estados de espírito. Assim, seguem seus exemplos com a firme intenção de que conseguem ainda ultrapassá-los em seus feitos.

Nâo pense "Vou tentar", "Penso que vou conseguir" ou "Veremos se sou capaz". Pense "Eu quero", "Eu posso", "Eu consigo". Faça acontecer ! Evite a palavra tentar. A sua mente entende ao pé da letra. O seu desejo é uma ordem. Tome cuidado com o que você diz e com o que você pensa. Você está aqui para vencer, triunfar, realizar seus sonhos, atingir sua meta de forma determinada.

Adopte o bom estado de espírito agora

O famoso lema olímpico *Citius, Altius, Fortius* (do latim, "Mais rápido, mais alto, mais forte"), aplica-se perfeitamente ao seu mundo privado. Tanto para quem está no início de um projeto, como para você que deseja expandir-se, através de suas realizações pessoais, há muito com o que inspirar-se nos valores do esporte. Perceba quantas vezes aqueles que triunfam usam palavras como dedicação, garra, superação e sonhos. Sim, sonhar com uma conquista é o primeiro passo em uma jornada de perseverança. Você deseja concretizar seu projeto? **Sonhe!** Gostaria de lançar um produto novo? **Encare o desafio**! Tem metas audaciosas ? Vista a camiseta, **motive-se e coloque a sua determinação em campo.** Seja qual for o objetivo estabelecido para o seu crescimento, você não está sozinho. Como em uma final de 100 metros rasos no atletismo, há vários competidores à sua volta com o mesmo intuito: **dar o seu melhor e vencer**. Então, como você encara o seu desafio?

Preparação é a palavra-chave nesse momento. O que se vê em grandes competições esportivas é a derradeira etapa de um trabalho que começou muito antes. Só alcança a vitória quem faz por merecer, quem chega pronto ao momento decisivo. Se no caso de atletas, estar preparado depende de muito treinamento e força mental, para você, além do foco, a capacitação é imprescindível. Como você irá se propor a concretizar seu objetivo se não tem informações suficientes para isso? Estudar é sempre válido, empreender é um constante aprendizado, e conhecimento não ocupa espaço. Lembre-se disso.

Certamente que ao longo de suas jornadas haverá momentos difíceis, de receios, cansaço e até pessimismo. Mas deixar-se dominar pelos pensamentos negativos aproxima-o muito mais do fracasso do que do sucesso. Por isso, quem adopta o bom estado de espírito na realização de seus projetos **pensa como um campeão**: aprende com os erros, corrige a rota e persiste em busca da meta, sabendo que a premiação virá no final. E tudo torna-se cada vez mais fácil à partir do momento que você decide incorporar em seus comportamentos as novas atitudes e os novos hábitos de um vencedor, alimentado-os diariamente para que se tornem parte integrante de sua personalidade.

Sua atitude reflete o seu estado de espírito

Como você sabe, é difícil enganar todos à sua volta quando pretende camuflar algo que não deseja revelar, pois suas atitudes refletem sempre o seu estado de espírito.

Para certificar-se disso, **faça o seguinte teste**: quando se encontrar no exterior de seu lar, em local público, olhe em sua volta e observe as pessoas. Preste atenção no que deteta nelas, e faça o mesmo quando encontrar-se com seus amigos e conhecidos. Concentre-se no que elas falam e como o dizem, em seus gestos corporais, expressões faciais. Em muitos casos, você irá de certeza comprovar que o que falam, assim como seus comportamentos gestuais, estão em desacordo com o que pretendem significar. Isso por que tentam dissimular algo que não querem que você saiba. Faça o mesmo teste dialogando com pessoas cujas atitudes e hábitos denunciam comportamentos sobretudo positivos.

Rapidamente notará que estas, ao contrário, debordam de otimismo, falam de seus momentos presente e futuro com brilho nos olhos e com paixão, não se lamentam, e nem se posicionam como vítimas das circunstâncias.

Onde seu pensamento vai, suas atitudes, seus hábitos e suas ações seguem em conformidade, por que o que você pensa determina suas experiências e a direção de seu destino, a realização de seus sonhos. É o primeiro passo que torna possível a concretização de seus objetivos de vida. Comece desde já mudando em si mesmo tudo aquilo que quer ver modificar-se em seu mundo, pois toda tranformação tem início em seus pensamentos e em suas precepções.

Para resumir, treine-se diariamente para manter-se em um bom estado de espírito desde que você acorda à cada manhã, imprimindo em sua mente os seguintes conselhos :

- Motive-se, lembrando o propósito de sua meta;
- Vença a procrastinação, agindo agora e à cada dia;
- Pense e aja como um campeão, avançando através do treino na ação;
- Mantenha o foco, lembrando-se de sua meta e por que a escolheu;
- Não diga "Vou tentar". **Aja e faça acontecer !**

EXERCÍCIO 9

Encontre um modelo de pessoa, um ídolo, um líder, cujo percurso de vida lhe sirva de inspiração, respectivamente no que diz respeito à sonhos realizados, objetivos alcançados, metas atingidas. Investigue sobre o comportamento, atitude, hábitos, desse padrão que escolher.

À seguir, esforce-se para adoptar o estado de espírito próximo de seu modelo, conservando ao mesmo tempo o que de melhor você mesmo possui em sua própria personalidade.

Lição 10

Pare de entregar o seu destino ao acaso

Há anos um amigo meu propos-me assistir à um seminário de um grande líder empresarial. Seduzido pela oferta, aceitei, estando à milhas de pensar que esse colóquio iria causar um abalo intenso em minha mente. Desloquei-me à esse seminário com meu amigo, sem preconceitos nem a-priori, com a intenção de passar um bom momento e aproveitar a experiência que me era concedida. Só que descobri um líder de um carisma incrível. Aquela pessoa, completamente segura de si, discursou durante mais de uma hora, sem, em momento algum, mencionar algo sobre sua empresa ou sobre os produtos e serviços que comercializava. Falou sobre nós, a audiência, do que somos, em quem devíamos nos transformar, e que tipo de possoa devíamos ser. Interessava-se somente em nós como seres humanos, nada mais. Seu único objetivo ali era o de ajudar-nos, fazendo-nos compreender e tomar consciência que cada um de nós é a pessoa mais importante na face da Terra.

Eu sentia-me, então, como uma criancinha que se pega pela mão e à quem se mostra o caminho a seguir.

Incrivelmente, era a primeira vez que alguém dizia-me e afirmava :

- ➤ Que eu sou a pessoa mais importante na face da Terra;
- ➤ E que ninguém, além de mim, tem o direito de decidir de minha vida, de meu destino, do que quero fazer e alcançar;
- ➤ Que eu possuo todo o potencial para realizar meus sonhos;
- ➤ Que eu devo acreditar em mim e no que quero realizar.

Durante todo o tempo que durou a palestra, escutei sem dizer uma palavra ao meu amigo que estava sentado ao meu lado, e não ouvia-se um sussurro no auditório. Eu lambia as palavras que eram lançadas e sentia-me maravilhado. Sentia-me reviver, como se acabasse de despertar depois de um sono longo demais. Enfim, eu vi claro em mim mesmo, e compreendia que tinha permanecido enganado durante tantos anos, e perdido um tempo precisoso ouvindo e dando atenção à maus conselhos e ditados completamente obsoletos.

Você já deve ter-se perguntado : **"Mas afinal o que é que o conferencista ensinou?"**. A resposta é simples : **Que devemos acreditar em nosso sonho, definir a meta**

relacionada com esse nosso desejo, traçarmos um plano de ação, agirmos para o concretizar, e perseverar com paciência. Em suma, ali aprendi em quase duas horas por volta de trinta porcento dos conselhos que lhe exponho neste livro. Os restantes setenta porcento constituem o conceito que eu próprio adquiri ao longo de alguns anos de aprendizado e experiências pessoais relativas à como realizar meus sonhos.

Eu tinha permitido que outros decidissem por mim, acerca de meu percurso de vida, de minhas escolhas pessoais. Inacreditavelmente, enquanto eu tinha tido a oportunidade de ser eu mesmo, afinal eu era outro alguém que perseguia objetivos definidos, não por mim, mas por outros. E que bofetada mental levei nesse dia acerca de meu modo de pensar, de me comportar, de funcionar, de perceber o meu mundo ! Todas as minhas certezas dissiparam-se em estilhaços em um só instante. Tudo em que eu acreditava até esse dia preciso foram colocados em questão, para meu próprio bem. Pensei se deveria levantar-me naquele momento e partir, ou então sentir-me feliz pelo que aprendia. Durante um certo tempo ainda não sabia o que considerar de tudo o que ouvia.

Ao longo daquele discurso, alguém tinha ousado levantar o véu que assombrava minha visão acerca de mim mesmo, de minha vida, de quem eu realmente posso ser, e minha percepção acerca do que eu devia fazer à partir daquele momento era agora clara, límpida. No fim do seminário, meu amigo apresentou-me ao líder em questão, e então passamos um momento conversando acerca de tudo aquilo que ele tinha explicado. Foi aí que ele fez-me descobrir e interessar-me pelo tema do desenvolvimento pessoal, o poder do pensamento, assim como da lei da atração, indicando-me alguns ótimos autores sobre essas matérias. Nunca consegui agradecer o suficiente ao meu amigo por me ter dado a oportunidade de descobrir tudo o que me foi revelado naquele dia, e por ter-me apresentado, à seguir, aquela pessoa sensacional.

Muitos pensarão que esse encontro, a assistência à esse seminário, foi puramente obra do acaso, que tratou-se de uma mera coincidência. Hoje, estou convencido que a casualidade nada teve a ver com o sucedido, e que fui eu unicamente que provoquei, de modo insconsciente, essa situação. Nessa época eu colocava em questão várias de minhas certezas e começava a tomar consciência que as escolhas que tinham-me sido impostas não me convinham por que não me satisfaziam plenamente. Eu sonhava com outras coisas, outro tipo de vida, outra atividade profissional. E, mesmo se tudo isso ainda era muito vago em meu espírito, eu já tinha dado início à um processo de mudança através de meus desejos profundos, da visão do que eu almejava, da minha percepção do novo modelo de existência que pretendia vivenciar. E foi em consequência dessas minhas atitudes que, sem o ter percebido naquela fase de minha vida, encontrei-me ali naquele auditório perante alguém que transmitia-me a mensagem que inconscientemente eu desejava ouvir. Que enviava-me o indício de que eu devia tomar o controle de minha vida, de meu destino.

Não foi fácil, confesso, e dificuldades foram surgindo, mas que considerei sempre como simples obstáculos a ultrapassar, através de soluções adequadas. Demorou um certo tempo para que eu me tranformasse no tipo de pessoa que desejei ser e assumir completamente a responsabilidade da nova orientação que decidi dar à minha vida. Mas, mantendo em mim a autoconfiança, determinação e perseverança, e colocando em prática todos os conselhos que lhe transmito ao longo deste livro, sinto-me hoje imensamente feliz por ter realizado muitos dos objetivos que sempre almejei.

Porque e como tudo aconteceu ?

Principalmente por que à um determinado momento de minha vida decidi mudar e concretizar o que eu desejava realizar e não o que outros sempre me propunham. Coloquei em movimento forças que desconhecia, e que pouco à pouco conduziram-me à novas situações em concordância com minhas pretensões, que propulsaram-me a agir, a vivenciar novas experiências, a assumir certos fracassos que corrigidos levaram-me de sucesso em sucesso até a minha situação presente.

E hoje sinto-me feliz, sereno, apaziguado e satisfeito com o meu percurso, sobretudo por que fui eu que o escolhi, assumindo a total responsabilidade de meu destino. E, de maneira quase totalmente desconhecida para mim, apliquei sem ter tido consciência disso durante bastante tempo, um conjunto de preceitos bastante conhecidos atualmente e que fazem parte da denominada lei da atração.

A lei da atração : um impulso para atingir o sucesso

A lei da atração é demonstrada na disciplina acadêmica da física através de ímans que atraem-se ou repelem-se em função de suas polaridades. Isto é, polos iguais repelem-se e opostos atraem-se. Mas esta mesma lei aplica-se em um outro plano, à nível mental, e a diferença que se constata é que, ao contrário do que se passa com os ímans na disciplina de física, atraimos o que assemelha-se com os nossos pensamentos, ou melhor, aquilo em que pensamos e acreditamos com muita vontade, ardor e determinação, e não o seu contrário. Ela é a resposta de forças do universo às nossas intenções profundas que são ressentidas e repetidas de maneira regular, e conjugam-se de modo a provocarem em nossa vida as circunstâncias necessárias à realização de nossos objetivos. Você atrai aquilo deseja e em que acredita convictamente, por que você é a soma de seus pensamentos impressos de emoções, os quais configuram o seu estado de espírito.

Por exemplo, se você acorda mau humorado e não toma alguma resolução para transformar esse seu estado de espírito em sentimentos positivos, agradáveis e alegres, o mais provável é você encontrar ao longo de sua jornada outras pessoas partilhando os mesmos sentimentos negativos que você, assim como situações de estresse, nervosismo, desagrado e descontentamento constantes. Ao contrário, caso você desperte bem humorado, ou coloque-se propositadamente em um bom estado de espírito matinal, a consequência lógica é uma jornada de sentimentos de alegria, felicidade, contentamento, energia positiva, vigor para a realização de suas variadas tarefas, encontro de pessoas positivas, e tudo lhe parece mais agradável. O mesmo acontece quando você sente-se preocupado com alguma situação que lhe causa constrangimento, um obstáculo imprevisto. A emoção de receio, medo, o dominará, e se você não age com a intenção firme de substituir seus sentimentos negativos pelos seus opostos, atrai consecutivamente mais situações difíceis ao longo do dia e tudo o que fará lhe parecerá desfavorável, prejudicial, ineficaz, o que lhe faz sentir ainda mais preocupado com as circunstância que deve enfrentar.

Para aplicar a lei da atração em sua vida, você deve acima de tudo compreender, tomar consciência e aceitar que você é o único responsável de tudo o que acontece em sua existência, e que os seus pensamentos, crenças e ações atraem o que nela se produz, e mais especificamente, todas as suas experiências. Ninguém além de si mesmo consegue ser o mestre de seu destino, por que só você detém o poder de decidir o que melhor lhe convém. E, se você não aceita essa evidência, você converte-se em escravo das situações decididas por outros e do mundo que o rodeia, convivendo desse modo com o seu sentimento de frustração.

Como aplicar a lei da atração em sua vida

Lembre-se que esta lei está em constante aplicação em sua vida, quer você tenha ou não consciência disso. Tudo aquilo que você apreende e experimenta é de algum modo o que você atrai para seu universo pessoal. E, como ao longo das lições aprendidas neste livro, você já definiu uma visão clara e precisa de seus objetivos, já sabe realmente quem você é, quem deseja ser e o que quer obter na vida, desligue-se mentalmente de tudo o que interfere negativamente com suas aspirações, apague de sua mente tudo aquilo que não deseja, e mantenha o foco somente na meta que deseja atingir. Sempre que surja em sua mente pensamentos contrários aos que pretende, que sinta receio, dúvidas ao longo de seu percurso em direção de seu sucesso, ou que em conversa com alguém você comece colocando-se em dúvida, pare e desvie a sua atenção relembrando-se do motivo pelo qual estabeleceu uma meta que quer concretizar, do triunfo que quer saborear e festejar. Afaste-se de convívios, de situações e de companhias negativas, e procure cercar-se de pessoas, de eventos, de convivências positivas, agradáveis, que o motivam, lhe dão força e coragem para avançar, e o estimulam em vez de desanimar.

Preste atenção à sua intuição, e ouça, por assim dizer, seus sentimentos acerca de seus objetivos. Se ao imaginar, visualizando-os, você sentir emoções positivas, então isso significa que está no caminho certo, por que suas sensações acerca do que deseja são um barômetro precioso para o orientar em suas escolhas. E, depois de ter tomado sua decisão, acredite que obtém os resultados ambiocionados, sinta fé e acredite em você e no que quer realizar, e sinta-se autoconfiante e seguro que receberá o que pede. Após ter visualizado o resultado que quer alcançar, descontraia-se, relaxe, sinta-se positivo, confie que o seu pedido vai produzir-se em sua vida. Descontrair permite que nenhuma dúvida venha instalar-se em seu espírito. Sinta, então, gratidão pelo que vai receber.

Finalmente, entre em ação para concretizar seu sonho. **Aja! Faça acontecer** ! Esta é a **palavra chave** que já lhe mencionei : **Ação** ! Sem ela, nada acontece, pois é a sua ação continuada que faz com que tudo o que você almeja possa tornar-se realidade em sua vida. Por que não basta fechar os olhos, visualizar sua meta como se já a tivesse alcançado, e esperar sentado que um passe de mágica a faça cair em seu colo. O seu pensamento gera uma visualização de seu desejo, que provoca em si um sentimento de satisfação imensa, que faz despertar em seu espírito um estado de confiança, de fé absolutas, alimentados pela sua gratidão. O que faz com que você sinta-se motivado para agir e realizar seu sonho.

E, dessa maneira, você forma o conceito de pedir, acreditar, agir e receber, que podemos ilustrar através da seguinte equação :

Pensamento + Visualização + Sentimento + Ação + Gratidão = Sucesso

---

EXERCÍCIO 10

Tome consciência de que nada em sua vida acontece por acaso, e que é o seu estado de espírito que provoca a sua percepção do mundo que o rodeia, e que, sobretudo, atrai as circunstâncias, as experiências que você vivencia no seu dia à dia. Por isso, nunca pense no que não quer, mas sim naquilo quer. Deseja uma prova ? Se eu lhe digo : "Não pense na cor vermelha !". Em que cor você pensou ? E agora se lhe peço : "Pense na cor azul !". Foi nessa de certeza que pensou, não?. Você atrai aquilo em que pensa. No primeiro caso atraiu mentalmente o que não queria, no segundo o que queria.

Aplique cotidianamente a lei da atração em sua vida !

Lição 11

Desperte o líder que vive em si !

Geralmente, não se nasce líder, nem existe uma receita que o possa transformar em um deles da noite para o dia. Contudo, existe certos traços de caráter comuns aos grandes líderes. Você é o que faz de modo repetitivo e a liderança não é, por isso, um atributo mas sim uma condição que adquire-se por hábito.

Como transformar-se em um líder eficaz

Suas atitudes, seus comportamentos, suas ações e implicação no que realiza o definirão ou não como líder de seu destino. Eu o compreendi no dia em que decidi transformar-me em um líder de minha existência, deixando de ser um simples seguidor. O seguidor é aquele que contenta-se de seguir, executar, sem tomar iniciativas, não assumindo riscos, ou pelo menos o mínimo possível. Minha intenção não é a de julgar aqueles que acomodam-se nessa situação por vontade própria, muito pelo contrário. Cada qual sabe o que deseja ser e obter em sua vida pessoal. Mas esse comportamento não está em adequação com os conselhos que lhe exponho ao longo deste livro, e portanto o excluo, sem pretensões arrogantes de espécie alguma.

Ao contrário do seguidor, o líder toma iniciativas, assume riscos calculados, coloca-se à frente dos demais e destaca-se como proativo motivando outros, para desse modo os atrair na direção do que se pretende realizar, alcançar. Ele identifica oportunidades onde os outros não detetam quase nada. É criativo, visionário, sabe analisar bem uma situação complexa e tomar as decisões inerentes. Sabe por-se em causa, não tem receio de triunfar, e muito menos de fracassar, pois procura constantemente ultrapassar seus próprios limites, assim como as dificuldades que surgem ao longo de todo processo de realização de seus objetivos, seguindo sempre em frente. Não deixa-se abater, por que são as situações aparentemente difíceis que também o estimulam, e por isso procura informar-se e aperfeiçoar-se constantemente. Ele inspira-se do exemplo de percurso de outros grandes líderes e não permanece estático em relação ao que já adquiriu, por que sabe que tudo o que já alcançou pode ser posto em causa, pois em volta dele o mundo evolui. E por isso procura manter-se sempre em evolução. O bom líder sabe também adaptar sua estratégia em função do progresso de seu projeto, em relação aos obstáculos com que depara-se ou de fracassos que pode ter de superar. Ele é dotado de uma grande força de caráter e adopta o estado de espírito dos vencedores, dos campeões, que lhe servem de modelo.

E agora que você já se colocou em movimento ao longo da estrada que o leva em direção de seu sucesso, chegou o momento de desenvolver em sua personalidade as qualidades pessoais necessárias que o farão transformar-se, com treinamento diário, em um grande líder de seu destino. Lembre-se que todos aqueles que triunfam, que atingem suas metas, primeiro transformaram-se em líderes para assumirem o comando de suas vidas.

As qualidades de um bom líder

Espírito de decisão

Aquele que é incapaz de se decidir, que adia sempre para mais tarde, que possui tendência para remeter para o último minuto a escolha de uma solução, que não intervém quando algo não vai bem, não sabe liderar. O líder reconhece-se pelo seu espírito de decisão. Viver é escolher, e optar significa quase sempre sacrificar alguma coisa. Um indivíduo pode ser um sábio, um técnico notável, um filósofo eminente, mas se não sabe tomar à tempo a decisão que se impõe e fazê-la respeitar, não é um líder. É importantíssimo você saber tomar decisões, por vezes difíceis e urgentes. Mas, é precisamente nesses momentos que você é capaz de mostrar à si mesmo que no seu interior existe uma capacidade de sua personalidade que permanece adormecida à espera de ser despertada e revelada. Mas tenha em conta que uma boa decisão nunca é tomada de modo precipitado, mesmo que haja urgência, pois as consequências podem ser graves. Urgente significa com uma certa pressa, mas não de maneira impulsiva.

Autoconfiança

Você deve sentir-se seguro de si, de suas decisões, de seus projetos e de suas ações. Não deve duvidar da razão e da validade de sua visão acerca da meta que decidiu atingir. Identifique os pensamentos negativos, que podem soar mais ou menos assim: "Eu não posso fazer isto", "Com certeza vou fracassar", "Ninguém quer ouvir o que tenho a dizer". Essa voz interior é pessimista e inútil, porque o impede de aumentar sua autoestima e autoconfiança. Conforme você identifica os pensamentos negativos, transforme-os em pensamentos positivos. Você poderá fazer isso através de afirmações positivas, como "Eu confio em mim e no que quero realizar", "eu posso ser bem-sucedido me esforçando", ou "as pessoas querem ouvir o que tenho para dizer". Treine-se diariamente.

Para manter o ânimo elevado, conecte-se com pessoas próximas à você, sejam elas familiares ou amigos, que mantenham exclusivamente pensamentos, idéias, proposições positivas. Além disso, afaste-se de pessoas ou coisas que o façam sentir-se mal. Uma pessoa que você considere um amigo pode, muitas vezes, fazer com que você se sinta mal se estiver constantemente fazendo comentários negativos ou criticando-o. Até mesmo um familiar que oferece opiniões bem-intencionadas sobre o que você "deveria" fazer pode ser prejudicial para a sua autoconfiança. Conforme você cultiva uma atitude positiva e toma medidas para atingir os objetivos, esses opositores podem tornar-se mais evidentes. Limite o contato com eles, tanto quanto for possível, durante o processo de construção da sua autoconfiança. Reserve algum tempo para pensar nas pessoas que realmente o fazem sentir-se bem. Defina uma meta para passar mais tempo com esse tipo de pessoas que o apoiam e o animam.

Orgulhe-se de si mesmo. Você não deve apenas sentir-se feliz de seus talentos ou habilidades, mas também deve pensar no que torna sua personalidade especial. Talvez seja seu sentido de humor, seu sentimento de compaixão, sua capacidade de ouvir ou de lidar com o estresse. Talvez você ache que não há nada para ser admirado em sua personalidade, mas se olhar com atenção, encontrará diversas qualidades admiráveis. Concentre-se nelas, e sinta-se honrado por isso. Olhe-se no espelho e sorria. Estudos científicos à respeito da teoria do feedback facial sugerem que as expressões do rosto podem incentivar o cérebro a registrar ou intensificar certas emoções. Por isso, ao olhar-se no espelho e sorrir todos os dias, você sente-se mais feliz consigo mesmo e mais confiante à longo prazo.

Sinta-se confortável com o medo. Talvez você pense que as pessoas autoconfiantes nunca sentem medo, o que não é verdade. O medo significa que você está crescendo como pessoa, e basta superá-lo. Talvez você tenha medo de falar em público, de se apresentar à alguém que não conheça ou de pedir um aumento salarial no seu trabalho. Quando você consegue confrontar o medo, ganha autoconfiança e sente-se imediatamente mais animado. Imagine um bebê aprendendo a andar. Tantas possibilidades esperam por ele, mas ele está com medo de cair ao dar os primeiros passos. Quando ele derrota o medo e começa a andar, abre um sorriso enorme no rosto dele. Esse é você, deixando os seus medos para trás.

Entusiamo

O líder é um animador, seja de outros elementos de uma equipe, ou de sua própria vida. Ele sabe comunicar e transmitir a informação aos outros ou à si mesmo de maneira compreensível. Portanto, de que modo você mesmo pode manter-se entusiasmado? Simplesmente acreditando em seu potencial e suas habilidades, criando oportunidades de melhoria para seu sucesso profissional ou pessoal, alimentando constantemente a sua determinação. E também realizando um planejamento adequado de suas atividades e projetos, ao longo do qual aprende sempre com as experiências vivenciadas, sabendo que erros poderão ocorrer, mas que este não são responsáveis pela sua desistência, mas sim de oportunidades de adaptação de seu plano de ação, para assim descobrir diferentes formas de fazer ainda melhor. E, claro, fazendo o que gosta, aceitando seus defeitos, que podem ser minimizados, reconhecendo suas qualidades, muitas vezes desconhecidas de você mesmo. Para manter seu entusiasmo permanente, compare-se com um rio, sentindo determinação, conhecendo o percurso a percorrer, onde pretende chegar, com força e determinação, avançando permanentemente em direção de sua meta final : o grande oceano de seu sucesso. Lembre-se sempre que **o entusiasmo deriva da ação!**

Sentido de organização

O líder não sujeita-se ao acaso. Ele estuda e planeja à curto, médio e longo prazo. Define seus objetivos, suas metas de maneira clara e precisa, sabendo que são aspirações realistas e realizáveis. Sabe onde quer chegar e coloca em movimento todos os recursos e competências de que dispõe para alcançar seus objetivos, tendo em conta que o tempo é um elemento precioso e que não deve ser desperdiçado. Por vezes, muitos o acham excessivamente metódico, meticuloso e rígido, mas enganam-se, pois ele tem um plano de ação e o respeita. O líder avança paço à paço, por tarefas, focalizando-se no que é mais importante e decisivo, sem dissipar energia com banalidades.

Sentido do risco

O líder não sente medo de assumir riscos. A grande diferença é que ele arrisca de maneira calculada, prudente, através de uma ação refletida, tendo analisado previamente a situação, sabendo assim antecipar a solução que se impõe. A antecipação é a dinâmica de um líder. Uma característica distintiva dos líderes, mais do que a simples acumulação de situações de sucesso, é o modo como conseguem enfrentar e superar os fracassos. E é justamente nos momentos decisivos, quando a esperança parece abandonar tudo e todos, e os cenários se configuram como de catástrofe iminente, que os líderes ressurgem, como que possuídos por uma força súbita e, com um tenaz esforço de vontade própria, conseguem gerar os resultados que os erguem até a vitória final.

Assim, a melhor maneira de você manter-se com um estado de espírito de liderança é agir proactivamente sobre a sua realidade, de modo a influenciar a direção de sua rota em função dos objetivos à alcançar.

Abertura de espírito

Você, como líder, deve estar aberto à aceitação de críticas, conselhos, sugestões, assim como aos elogios, e ter em conta as observações e proposições que lhe são feitas, estando disponível para considerar novas ideias, pois você não é o dono da verdade. Contudo isso não pressupõe colocar suas convicções em dúvida, por que ter um espírito aberto não é sinónimo de vulnerabilidade. O líder sabe confrontar sugestões recebidas com as suas próprias idéias e encontrar a sinergia que as torna mais vantajosas em termos de realização.

Sociabilidade

Sociabilidade é a habilidade que o indivíduo possui de conviver com diferentes pessoas e ambientes, relacionando-se de forma positiva e espontânea em todos eles, refletindo seu nível de aceitabilidade e de rejeitabilidade. Os líderes que dominam as habilidades sociais não assustam-se com as boas ou más notícias e sabem como obter apoio dos demais para a conclusão de uma nova missão ou projeto. Administram bem as mudanças e os conflitos e servem de fonte de inspiração para seus semelhantes.

Generosidade

Um verdadeiro líder sabe partilhar, escutar, dando a devida importância ao que ouve. É altruísta, não busca unicamente tirar partido de outros para seu único benefício próprio, e quando compartilha o faz de bom grado. O líder é forjado na generosidade para com seus semelhantes, não os expõe à humilhação. Apoia, e se sabe que uma outra pessoa enfrenta algum problema, apresenta-se para a ajudar, manifesta sua solidariedade, e não abandona aquele à quem ofereceu seu apoio. O conceito de generosidade não corresponde apenas ao compartilhamento de bens materiais, à dividir coisas. Pode-se ter generosidade em ações, ao compartilhar conhecimento, ao repartir o reconhecimento das vitórias com todos aqueles que ajudaram no processo de realização de projetos até a sua conclusão.

Integridade e lealdade

A honestidade recompensa e você não deve sentir interesse em abusar propositadamente da confiança que outros depositam em você. Como líder, você tem que dedicar uma atenção particular às qualidades de integridade e lealdade por que são garantias de sua implicação e da confiança daqueles que decidem de o seguir e apoiar ao longo da realização de seus objetivos. Lembre-se de que não consegue fazer tudo sozinho. Por isso, conscientize-se que a integridade se consolida somente quando os seus valores estão em consonância com a sua conduta, e que a lealdade para com os seus próprios princípios e os objetivos e metas que definiu são garantias de seu sucesso.

EXERCÍCIO 11

À partir deste momento, procure impregnar seu espírito com as qualidades de liderança pessoal mencionadas na lição de hoje.

Anote-as em seu suporte de exercícios, e pelo menos uma vez por dia releia-as de modo à memorizá-las e à torná-las parte integrante de sua nova personalidade e de suas novas atitudes.

Lição 12

Para alcançar o sucesso, mude seus hábitos

Porque modificar seus hábitos ? Simplesmente por que, dependendo de estarem ou não em adequação com seus objetivos, estes podem ajudá-lo ou impedi-lo de atingir sua meta. Todos aqueles que realizam seus sonhos desenvolvem novos hábitos necessários para a conquista de seus êxitos. E você, que já colocou-se em movimento ao longo de seu percurso, com a determinação de alcançar o sucesso através da meta que definiu atingir, deve substituir certos comportamentos, certos costumes rotineiros de sua personalidade, que já não são apropriados ao novo tipo de pessoa que você definiu ser através do exercício da lição 6 deste livro.

Somente você pode escolher continuar comportando-se como sempre o fez, o que não está em concordância com o que vem vindo a definir ao longo dos exercícios que efetuou até agora. Ou então assumir o que tem decidido e desenvolver novas práticas pessoais para, então, conciliar o que pretende obter na vida com o comportamento adequado para o conseguir. Por vezes é bastante difícil abandonar hábitos e crenças antigas, profundamente ancoradas em seu inconsciente e que o acompanham em todas as decisões que tem tomado ao longo de sua existência. É por esse preciso motivo que você não deve mudar toda sua conduta e suas convicções repentinamente, mas sim começar por substitui-las progressivamente, treinando-se diariamente. Essas mudanças devem ser executadas com serenidade, sem luta psicológica, de modo à não lhe provocar agitação mental. Nuca lute contra o que deseja transformar, mas pratique em vez disso a substituição do que já não deseja pelo que quer instalar em seu espírito.

Uma modificação brutal de suas crenças e comportamentos obsoletos através de uma negação de sua parte não é duradoura, e desaparece igualmente de modo repentino, fazendo-o regressar às velhas e antiquadas rotinas prejudiciais. Ao adoptar seus novos hábitos e crenças de maneira suave, praticando o método da substituição, você experimenta importantes mudanças positivas em sua vida, para sua grande felicidade.

Por isso, atenção ao retorno dos hábitos que lhe são prejudiciais !

Ao mesmo tempo que você está em processo de substituição de seus maus hábitos por bons costumes, vários tipos de resitência mental surgem tentando convencê-lo que um tal modo de pensar, de ser, de agir não lhe é conveniente. Talvez você, devido à sua resistência à mudança causada pelas suas crenças baseadas em seu tipo de educação geral recebida, no tipo de cultura presente em seu redor, por preconceitos de outras épocas e ainda presentes em certas camadas sociais, etc., sinta tendência a procurar desculpas para justificar seu comportamento geral atual e resistir inconscientemente a transformá-los em seu favor. A evolução da sociedade que o rodeia não para, e portanto não fará uma pausa com o motivo de o esperar para acompanhá-la. Não procure pretextos desnecessários para tentar justificar seus receios.

Um exemplo clássico é o de um pretendente que candidata-se à um posto de trabalho, e convocado para a entrevista parte pensando de maneira insegura meditando se será capaz de responder de modo adequado às perguntas que lhe farão, se possue realmente o nível de competência exigido para o posto em questão, se será realmente capaz de assumir as responsabilidades que poderão lhe atribuir, etc. De que vale, então, esta pessoa apresentar-se à tal entrevista se parte já do princípio que quase certamente não obterá o posto de trabalho ao qual quer concorrer, apresentando-se de antemão com um estado de espírito correspondente ao de um perdedor ? Existe inúmeros exemplos como este, onde os maus hábitos reaparecem sistematicamente, tentando fazê-lo fracassar ao longo de seu caminho em direção do sucesso. Compete à si estar atento no momento certo em que estes tipos de crenças negativas limitantes envadem a sua mente, e substituí-las no momento oportuno para assim treinar seu espírito a pensar de modo positivo, em seu favor, e integrar em sua personalidade convicções positivas e benéficas à realização de seus sonhos.

Como substituir os seus maus hábitos

Um hábito é uma ação que você efetua de modo repetitivo, inconscientemente, padrões de comportamentos automáticos que utiliza sem necessidade de reflexão, nem motivação deliberada. Você pode notar imediatamente o poder de seus hábitos em suas execuções quotidianas, ao longo dos quais seus devidos efeitos adicionam-se produzindo enormes resultados em sua vida, negativos ou positivos. E todo o poder desses comportamentos efetuados de modo instintivo pode ou não ser-lhe favorável, pois aplica-se indiferentemente à todas as suas ações, produzindo resultados positivos, ou ao contrário fracassos repetitivos.

Por exemplo, fumar viciosamente provoca uma diminuição de seu desempenho físico, envelhecimento precoce, e provavelmente doenças graves que o conduzem à um falecimento prematuro. E tudo isso devido à aquisição de um hábito nocivo durante o período da adolescência, talvez com a intenção de diferenciar-se socialmente ou de sentir-se adulto, tornando-se assim um costume automático, irrefletido, prejudicial à todos os níveis de sua vida. Por outro lado, a prática regular, sem excessos, de algum tipo de desporto lhe permite desenvolver uma certa resitência física contra o cansaço, contra certos tipos de doenças nocivas, um estado de espírito mais sereno, equilibrado e estável, tornando-o mais eficiente e apto à alcançar seus objetivos, prolongando ao mesmo tempo a sua esperança de vida.

Como vê, acabei de descrever dois tipos de hábitos simples, que adquiridos de modo repetitivo transformam-se em atitudes incorporadas em nosso comportamento, produzindo cada um deles um efeito oposto, de acordo com o que acolhemos de maneira preferencial. E o resultado que você alcança depende do hábito que deixou instalar-se em seu inconsciente. E como mencioniei anteriormente, lutar contra o seu hábito negativo, que neste exemplo corresponde ao vício de fumar, não produzirá resultados benéficos, por que causará como efeito você estar sempre a pensar no cigarro. Se, em vez disso, você procurar substituir pouco à pouco a vontade de fumar por uma outra ação de sua escolha, como por exemplo beber um pouco de água à cada vez que o vício desperta, ao longo do tempo seu subconsciente adoptará esse seu novo hábito de substituição.

O que diferencia um hábito adequado de um outro inconveniente ?

Em minha opinião, a simples diferença é que os maus hábitos são aqueles que o distanciam e comprometem a realização de seus objetivos, e os bons hábitos são aqueles que o beneficiam e aproximam de sua meta. Por conseguinte, suas crenças e costumes obsoletos são destrutivos e prejudicam as suas realizações presentes e futuras, impedindo-o de usufruir saudavelmente de sua vida, de aproveitar eficazmente todo o seu potencial. E proporcionam-lhe falsas satisfações, como por exemplo, passar todo os seus serões em frente de um televisor, ou durante horas à fio trocando comentários sem nexo em redes sociais.

Ao contrário, os hábitos que lhe são adequados lhe permitem ultrapassar seus próprios limites, embora exigindo um certo esforço inicial para você os incorporar em seus costumes de vida e os tranformar em ações praticamente automáticas. Mas graças à eles você pode ser, fazer o obter o que deseja em sua vida. São eles que o ajudam, de modo determinado, a realizar seus objetivos, atingir suas metas, pela força de caráter que você faz renascer em sua personalidade, produzindo resultados benéficos à todos os níveis de suas experiências. Agir para realizar seus sonhos e apostar na concretização de seus projetos pessoais exige uma certa dose de coragem, esforço, disciplina, determinação, perseverança e paciência. Mas, permanecer estático, conformar-se com sua situação entediante, causa frequentemente vários tipos de frustrações pessoais, e mais tarde arrependimentos acerca do que você podia ter realizado de proveitoso, útil, tanto para si mesmo, como para o mundo que o rodeia.

Muitos constatam triunfos alcançados por outros após suas concretizações, achando que essas pessoas bem sucedidas usufruiram de momentos e situações propícias de sorte, sem sequer terem a mínima noção de tudo o que elas tiveram de fazer para alcançar o êxito que obtiveram. Na quase totalidade dos casos, a palavra sorte tem que ser substituída por merecimento, que é o resultado de sua dedicação ao longo do caminho que o leva a atingir a sua meta.

Por isso, achei conveniente listar 7 hábitos de sua personalidade, que você precisa eliminar e substituir por seus opostos à partir de agora, para que seus projetos, seus objetivos, tenham a maior probabilidade de serem concretizados.

1. **Procrastinação**

A procrastinação consiste em você adiar consecutivamente o cumprimento de uma obrigação, uma tarefa, o desenrolar de uma ação, o início ou continuação do desenvolvimento de um projeto, a fim de alcançar o seu objetivo, atingir sua meta definida, por diversos motivos que são na maior parte do tempo pretextos que servem de desculpa para justificar sua falta de proatividade. Se você deseja alcançar o que definiu concretizar, tem de esforçar-se e colocar-se em movimento em direção de seu sucesso através de sua ação. Uma das soluções viáveis para o conseguir consiste em visualizar diariamente a meta que definiu atingir, acreditando fortemente em suas potencialidades, suas possibilidades de sucesso, e crer que é capaz de a realizar. Lembre-se da razão pela qual definiu seu objetivo e coloque-se em ação com determinação, para assim transformar sua visão em algo de concreto para si mesmo, e como contribuição para seus semelhantes.

2. **O medo do julgamento, ou do "o que os outros vão pensar?"**

Este tipo de preocupação bloqueia sua criatividade, mina sua autoconfiança e reforça a procrastinação. Quando você conhece e tem consciência de suas capacidades e apropria-se de suas forças e qualidades pessoais, assumindo suas decisões e suas ações, sempre poderá causar incómodo em quem não está de acordo consigo. E o que você pode fazer contra isso ? Simplesmente nada. Por que cada um é responsável de seus próprios atos e deve assumir a inteira responsabilidade de sua vida, sem sequer incomodar-se com críticas destrutivas alheias, sobretudo aquelas que têm como finalidade a demolição de seus ideais. Sempre que você teme o que os outros pensam e desiste do que é, do que quer realizar e obter, devido à ingerências de terceiros, você perde sua liberdade de ação e deixa desvanecer todo o seu talento pessoal aplicado na concretização de seu objetivo, afastando-se cada vez mais do alcance de sua meta. Por isso, o melhor que você tem a fazer é aplicar a sua energia concentrando-a na nutrição de seus próprios pensamentos e ações, do que disperdiçá-la preocupando-se com julgamentos alheios.

Simplesmente sinta confiança no tipo de pessoa em quem você decidiu tranformar-se, no que quer fazer e obter em sua vida, crendo firmemente que está dedicado ao seu crescimento pessoal e à expressão de seu verdadeiro ser através de suas realizações. Você, como todos à sua volta, comete certos erros ao longo de seus vários percursos, o que é importante para seu desenvolvimento pessoal, desde que aprenda através deles, efetue as devidas correções, não os repita, e os transforme em oportunidades de evolução. Portanto, não se condene. Seja tolerante consigo mesmo e com todos à sua volta.

Um outro fator prejudicial à sua autoestima e autoconfiança é o impulso de compara-se com outras pessoas, pois você acaba rejeitando e anulando suas próprias habilidades, ao mesmo tempo que faz renascer suas limitações. Em vez disso, reconheça o seu próprio valor, tenha consciência de suas competências específicas e utilize seus respectivos talentos nas ações que desenvolve através da estatégia que definiu para atingir sua meta. Sinta-se seguro. Pense no que mais aprecia em sua personalidade e à cada vez que sentir receio do julgamento alheio lembre-se de que é você e mais ninguém quem sabe o que quer realizar em sua vida.

3. Convívios com temas e sugestões negativas

Alguma vez você chegou com aquela idéia totalmente revolucionária, sentindo a certeza de que trata-se de um projeto realizável e realista, e seu interlocutor o puxou para baixo, fazendo-o ficar com receio de tomar a tal decisão, e até desistiu depois de ter deixado seu espírito alimentar a incerteza ? Ou ao contrário, contou para aquele seu amigo que precisava perder uns quilinhos e recebeu uma bela ajuda e todo o apoio e motivação para mudar sua rotina ? Você é diretamente influenciado pelas opiniões, pontos de vista e atitudes de pessoas com quem convive. Obviamente, quanto mais próximos, maior a influência. Pessoas tendem a acreditar que grande parte das suas ações é ditada simplesmente por sua própria vontade, mas ao longo da história podemos ver centenas de casos de sucesso onde amigos foram bem sucedidos juntos, um empurrando o outro para a frente, fazendo com que o sucesso de ambos fosse inevitável. Desenvolva relacionamentos com pessoas que o puxam para cima, que têm ideias inovadoras, que são solucionadoras de problemas. Associe-se à pessoas positivas, que supervalorizam o lado bom das pessoas e das variadas situações, que constroem em vez de destruir, que alcançam a felicidade, mesmo que não sejam ricas em bens materiais. Você torna-se parecido com as pessoas com quem convive e torna-se parte do que está à sua volta. Caminhe com pessoas que sonham e cerque-se de pessoas agradáveis, motivadas, empolgadas e sorridentes. E o que deve fazer com as pessoas tóxicas? Tente influenciá-las positivamente e não se deixe desmotivar por elas.

Se você quer crescer, evoluir e alcançar êxitos pessoais, então é fundamental envolver-se com gente e em ambientes que promovam o crescimento, o progresso, o sucesso. Portanto, não ceda à tipos de convívios e diálogos em que o tema de conversas frequentes sugam sua energia, minimizam o valor de seus sonhos, extinguem suas esperanças e colocam em dúvida frequentemente as suas idéias, seus planos e suas resoluções.

4. Resistência à mudança

Em regra geral somos treinados para a estabilidade, normas bem definidas, rotinas bem instaladas, e tudo isso acontecendo sem grandes variações que possamos perceber como extraordinariamente positivas em nossas vidas. O curso da vida da grande maioria das populações é regulado de modo contínuo e tradicionalista. Naturalmente, muitos sentem-se satisfeitos com a ocorrência de seus modos de vida e a minha pretensão não é a de julgar, criticar negativamente, nem atacar aqueles que reconhecem-se felizes e realizados com o tipo de existência que experimentam e não querem mudar nada em suas existências. Mas como a minha intenção ao escrever este livro é a de tentar conduzi-lo ao longo de seu processo de realização de seus sonhos, a mudança faz parte integrante de seu percurso em direção de sua meta. Caso contrário você não teria certamente adquirido este livro, o como você já chegou à esta lição, então é por que está já integrando as mudanças indispensáveis e necessárias em seu tipo de comportamento.

Se ainda não a conhece, a equação da mudança que lhe proponho a assimilar e assumir pessoalmente é a seguinte:

$$M = N - R$$

Ela explica a função da resistência no processo da mudança. Nesta equação, a mudança **(M)** é igual à necessidade **(N)** menos a resistência **(R)**, o que o leva às seguintes conclusões :

a) A mudança só acontece quando a necessidade percebida (que gera a vontade de mudar) é maior do que a resistência (que equivale ao medo de perder, ou ao apego à situação atual);

b) Não haverá mundança, como é evidente, se a resistência for maior ou igual à necessidade de mudar.

De qualquer modo a mudança surje, quer você a deseje ou não, e o melhor é que esta aconteça em consequência de sua vontade própria do que imposta por situações fora de seu controle. Por que senão você sujeita-se à resultados desconhecidos que o levam em direções que você ignora, enquanto que uma mudança almejada e planeada o conduz, em princípio, à um resultado que você quer alcançar. Assim sendo, resistir à mudança é sobretudo uma forma que você encontra de fugir aos seus desafios reprimindo seus estímulos de crescimento, de evolução, camuflando seus desejos profundos. O que promove dessa maneira sua própria frustação, anulando suas aspirações de realizações pessoais, impedindo-o de colocar-se em movimento para provocar em si mesmo a metamorfose desejada. Por isso, sinta a necessidade de mudar o que pretende, para desse modo sua resistência à mudança enfraquecer dia após dia.

5. As velhas desculpas

Entre tantas desculpas que você pode imaginar e reforçar em sua mente, impedindo-o de alcançar o sucesso que deseja, encontram-se aquelas em que você pretende que não tem tempo suficiente, que sente receios, que não possui a quantidade de capital necessária ao que pretende realizar, em que crê que seus objetivos são impossíveis de realizar, ou que não é o momento certo para lançar-se. Portanto, nem estes tipos de pretextos, e nem outros em que possa pensar, condizem com o novo tipo de pessoa que você já decidiu ser, nem com o novo modelo de vida que resolveu experimentar, nem com aquilo que estipulou obter na vida. Você não precisa de qualquer espécie de desculpa que lhe sirva de pretexto para proteger-se e limitar-se em suas pretensões na vida. À partir de agora você possui outros motivos muito mais importantes e válidos, que são os seus projetos, seus sonhos, sua vontade e sua determinação, sua autoconfiança e sua autoestima, sua energia e sua criatividade, todas essas qualidades e recursos que são as suas melhores companhias que o seguem ao longo do seu percurso em direção da meta que definiu atingir. Por isso, exigir de si "mais tempo para pensar sobre o assunto" ou "esperar por um melhor momento", etc., não passam de subterfúgios utilizados como argumentos inúteis em favor da procrastinação, da falta de coragem em assumir suas responsabilidades em relação ao que pretende alcançar na vida.

Eis por que é assim tão importante você abandonar gradualmente seus velhos e maus costumes, suas crenças retrógradas, adoptando aqui e agora novos hábitos, compreendendo que estes têm consequências positivas diretas em sua vida.

EXERCÍCIO 12

Seu exercício de hoje é composto por um conjunto de **6 etapas**, com o objetivo de lhe permitir rever e analisar seus hábitos atuais, para desse modo poder identificar aqueles que o prejudicam, e agir sobre estes com a finalidade de os substituir gradualmente por aqueles que o beneficiam.

Pegue em seu suporte de exercícios e comece anotando as etapas :

Etapa 1 : Recencie no mínimo 10 de seus principais hábitos atuais.

Reveja mentalmente uma de suas jornadas ou semanas típicas e anote tudo aquilo que faz regularmente e de maneira impulsiva, automatizada. Pode tratar-se de coisas simples como comer certos tipos de doces às 9 horas, tomar um certo tipo de bebida à um determindo momento do dia, assistir frequentemente à emissões de tv durante 3 ou 4 horas seguidas depois do jantar, ou também ações mais aliciantes como praticar algum desporto algumas vezes por semana. Pode ser também aquele seu passatempo em frente de algum vídeo jogo, etc., etc. Não abandone até ter encontrado no mínimo 10 hábitos frequentes e que são praticados de forma praticamente impulsiva.

Etapa 2 : Agora deixe sua lista de lado por uns momentos e faça uma pequena pausa.

De volta à sua lista, determine os hábitos que você pensa que o prejudicam. Logicamente, aqueles que exercem uma influência negativa sobre suas novas ações, de acordo com o seu novo estado de espírito e as metas que definiu atingir, devem ser classificados na categoria de maus hábitos. Mas, lembre-se que certos hábitos não devem ser considerados como nocivos, como por exemplo aqueles em que você se oferece momentos de relaxamento, descontração, em que tem todo o direito de curtir uns instantes de preguiça sem que estes tenham algo à ver com a procrastinação. Assistir à um documentário interessante, jogar um vídeo jogo com a intenção de descompressar um pouco, não devem ser considerados como costumes prejudiciais, desde que não se transformem em comportamentos que influenciam negativamente a continuidade do seu processo em direção da realização de seus objetivos pessoais. Parto do princípio que você agora sabe diferenciar suas resoluções mais prioritárias e mais importantes, ao mesmo tempo que estipula um equilíbrio eficiente entre seus períodos de aplicação pessoal às tarefas realcionadas com o alcance de sua meta e seus momentos de lazer.

Por isso, agora distinga bem as condutas que pensa que o prejudicam e integre-os na categoria de maus hábitos.

Etapa 3 : Defina hábitos opostos aos prejudiciais

Depois de ter identificado seus maus hábitos, anote ao lado de cada um deles o motivo pelo qual pensa que o prejudicam na realização de seus projetos. Pode ser, por exemplo :

"Bebo demasiadas bebidas alcólicas quando saio com meus amigos (o que não corresponde à imagem de uma pessoa bem sucedida e disciplinada no sentido de saber quando se deve interromper um tipo de consumo prejudicial). Ao lado da descrição deste mau hábito, escreva a frase :

"Quando saio com meus amigos, devo beber bebidas alcólicas de maneira moderada e responsável, por que devo definir o limite à partir do qual arrisco perder o contrôle de meus pensamentos e comportamentos conscientes.

Etapa 4 : Defina os hábitos favoráveis ao seu novo tipo de pessoa

Após ter anotado os hábitos opostos, determine os que quer adquirir à partir de agora, e que são os que o ajudam de modo consciente e não interferem no avanço da realização de seu projeto. Como para o exemplo anterior, se você anotou :

"Bebo demasiadas bebidas alcólicas quando saio com meus amigos";

Escreva ao lado :

"Limito-me a beber 2 copos de bebidas alcólicas quando saio com meus amigos".

Etapa 5 : Determine um plano de ação para eliminar seus maus hábitos

Elabore agora um plano de ação para substituir gradualmente seus maus hábitos identificados, definindo um objetivo e estipulando uma data para o atingir. Comece pelos hábitos que lhe parecem mais fáceis de substituir, para desse modo sentir-se confiante, usufruir mais rapidamente dos benefícios que lhe trará.

Para o exemplo anterior, se a pessoa bebe 5 ou 6 copos de bebidas alcólicas quando sai com amigos, irá diminuindo o consumo de 1 copo, gradualmente, até atingir o objetivo desejado de 2 copos. Se, por exemplo, você costuma assistir televisão durante 3 ou 4 horas por dia, comece diminuindo de 15 à 30 minutos à cada 2 ou 3 dias, ou semanalmente, de forma gradual, até atingir o limite máximo de, por exemplo, 2 horas por dia. E desse modo você poderá utilizar o saldo horário que ganhou, para outras atividades mais importantes e em adequação com o avanço de seu projeto.

Etapa 6 : Releia esta sua lista de novos hábitos uma vez por semana

Confirme semanalmente o seu progresso na substituição de seus maus hábitos. Pare um instante, analise seu comportamento e certifique-se que está alcançando o que definiu, no período de tempo que estipulou.

Se ao longo do tempo você nota que algum de seus maus hábitos está ressurgindo, elimine-o imediatamente pensando naquele que resolveu adquir em substituição. Pois, é muito mais fácil você recusar-se a aceitá-lo de volta, logo no instante em que este reaparece, do que o deixar instalar-se novamente e ter que recomeçar todo o processo de mudança.

Lição 13

Dedique-se e assuma o seu novo tipo de vida

Como você já sabe, a realização de seus objetivos depende de seu estado de espírito, de sua determinação em querer transformar seu tipo de vida, e o primeiro elemento a ter em conta é você aceitar convictamente que é o único responsável de sua vida, que a direção que seu destino toma depende do rumo que você define para ele seguir. Já lhe mencionei o facto de que não adianta acumular conhecimentos de vários tipos e qualidades, sem que nada faça para os colocar em prática, pois sem ação de sua parte nada acontece. O seu propósito é o de executar um programa de transformação de sua vida com o objetivo de concretizar um sonho seu. Você já ouviu em sua volta, com certeza, pessoas que desejam dar um outro rumo aos seus destinos, e que contaram-lhe sonhos que gostariam de realizar. Até aí, nada de especial, pois todos temos pensamentos acerca de idéias que almejamos com entusiasmo.

Entre essas pessoas, deve haver algumas que alcançaram suas metas, outras estão em fase de realização, e muitas continuam desejando sem nunca decidirem agir para as tentar atingir.

Esses tipos de pessoas dividem-se em dois grupos :

1) O daquelas que assumem seus tipos de vivência. Continuam experimentando continuadamente o mesmo modo de vida, sem nada desejarem transformar. Elas mantêm sempre os mesmos costumes, o mesmo sistema de pensamentos e crenças, a mesma maneira de se comportar, os mesmo hábitos e atitudes. Contudo, não se lamentam. Assumem frequentemente seus fracassos, acomodam-se e tentam convencer-se de que "a vida é assim" e que "nada podem fazer contra isso". Resignam-se e aceitam as situações do modo que acontecem.

2) O segundo grupo é constituído daqueles que nada querem assumir. São como as pessoas do primeiro grupo, exceto que não reconhecem em nada a responsabilidade dos insucessos em suas vidas. Para elas, tudo o que acontece de errado é sempre por culpa de terceiros. Acusam o mundo inteiro pelos fracassos que experimentam em tudo o que tentam realizar, negando agirem de modo inapropriado, com maus hábitos e atitudes, abribuindo sempre a responsabilidade de seus problemas e conflitos à outros, menos à si próprios. Em momento algum colocam-se em causa,

perguntando-se, por exemplo "E se a causa de tudo isso está em mim ?". Para este tipo de pessoa é sempre muito mais cómodo culpabilizarem outros do que admitir serem elas próprias em vários apectos pessoais a origem de seus insucessos, de seus fracassos, de seus erros.

Como disse Einstein : "**Não podemos resolver um problema com o mesmo tipo de pensamento que o criou**". Por isso, a solução que é oferecida aos que sentem-se vítimas da vida é simplesmente a de parar de comportarem-se como tal e declararem-se totalmente líderes de suas existências. Portanto, à cada vez que algo o contrarie, o faça projetar a culpa de um acontecimento sobre alguém ou alguma situação, pare imediatamente e pergunte à si mesmo :

- O que é que provocou este sentimento negativo que me faz sofrer ?
- De que é que eu sinto medo ? Identifique em que consiste seu sentimento de medo, talvez mesmo inconsciente;
- Reformule seu problema através de um outro ponto de vista, como por exemplo :

    - Que tipo de pensamento meu provocou esta situação ? A causa está certamente em mim. E se eu aceitar este problema como um simples obstáculo a ultrapassar, pensando na solução que não prejudica ninguém?

➢ Em vez de tentar combater o problema que pensa ter, no sentido de comportar-se como vítima, comece por encarar seu medo, substituindo-o pela autoconfiança.

E assim chegamos à um outro tipo de grupo de pessoas ao qual você deve pertencer à partir de agora: **o daqueles que agem**! **Faça parte deste grupo**, atribuindo-se a responsabilidade de sua vida. Assuma suas escolhas, suas decisões, suas ações, e não culpabilize outras pessoas ou circunstâncias pelo que lhe acontece de negativo. Pergunte à si próprio, neste preciso momento, se tem a firme intenção de assumir plenamente seus pensamentos, suas atitudes, seus comportamentos. Ou então, se pretende continuar a culpabilizar outras pessoas ou situações pelo simples facto de lhe ser mais fácil posicionar-se como uma vítima, tornando-se em consequência disso, refém de seu próprio medo e de seu sofrimento psicológico. A sua resposta define a sua probabilidade de alcançar o seu sucesso, pois lembre-se que este depende de seus pensamentos e ações.

Assumir o contrôle de sua vida significa sobretudo você consciencializar-se de que é o único autor do itinerário de seu destino. E que para você perceber se assume plenamente a autoria de sua vida, basta perguntar à si mesmo :

"Eu penso que os problemas que surgem, os erros que cometo, os fracassos com que me deparo, é culpa de alguém, além de mim ?"

Se a resposta é "sim", seu estado de espírito, seus hábitos e atitudes devem ser transformados através da prática diária frequente do exercício 12. No caso de resposta negativa, felicite-se, pois considere-se já o piloto de sua vida.

Exercício 13

Pare de deixar outros fazerem escolhas em seu lugar, respectivamente em relação aos seus objetivos pessoais e profissionais. Liberte-se de todos os aspectos negativos de seu passado. Decida, aqui e agora, aplicar-se totalmente à seus projetos e alcançar o que determinou realizar.

A arte de concretizar

Lembre-se sempre que você é o único responsável de tudo o que lhe acontece de bom e de menos bom em sua vida, e que a direção que ela toma depende de suas decisões e ações.

Anote a seguinte frase em seu suporte de exercício e a releia frequentemente :

"Eu assumo plenamente a responsabilidade de minha vida, e coloco em prática as ações necessárias para atingir minhas metas !"

Lição 14

Aprenda a pensar diferente e a mudar de ponto de vista

Como seu desejo é prosperar, então você deve aprender a pensar de modo diferente, mudar de perspectiva, e experimentar uma nova percepção do mundo que o rodeia.

Como citei ao longo deste livro, é importantíssimo você adoptar o pensamento positivo através da autoconfiança, da crença no que quer realizar, e da ação assídua para atingir suas metas. É do conhecimento geral, e até científico, que aqueles que possuem temperamento positivo são mais bem sucedidos em suas vidas do que os pessimistas. Como vai poder você ver a beleza do mundo que o envolve, se obscurece sua visão com o véu do desalento ? Como apreciará o sabor da vitória pessoal se deixa que a dúvida, o medo, a falta de autoestima invada seus pensamentos e aniquile suas chances de sucesso ?

À cada vez que você tenha de enfrentar uma adversidade, e que por algum motivo fracasse, sinta medo, adopte imediatamente e permanentemente o bom estado de espírito que aprendeu **na lição 9**, e que anotou em seu suporte de exercícios, e analise e descubra onde você falhou, para então aplicar a correção adequada e progredir no seu caminho em direção do sucesso. Por que, em consequência de sua nova atitude mental, as dificuldades transformam-se em simples etapas necessárias ao seu progresso. E, em resultado disso, você sente-se ainda mais forte do que antes, pois acumula uma nova experiência em suas competências, fazendo-o evoluir.

Um exemplo simples do que é o pessimismo e o otimimismo pode ser apresentado pela referência de uma entrevista para uma atividade profissional. No caso de você não ser escolhido para o posto de trabalho à que concorreu, de que forma pensa que reagiria ?

- Levaria em conta o desenrolar dessa entrevista, analisando onde falhou, efetuando assim as devidas correções para preparar-se melhor para a próxima ?
- Ou pensaria que não é capaz de passar com sucesso uma outra entrevista profissional ?

Existe sempre várias maneiras de interpretar o que nos acontece. Umas de modo positivo, outras de maneira pessimista. E a sua depende de seu ponto de vista pessoal. Lembre-se que você será sempre confrontado com situações mais ou menos difíceis que exigem de sua parte a adoção de um determinado comportamento em relação com o que quer alcançar em sua vida. E você tem sempre a escolha de assumir um estado de espírito positivo ou negativo. Nos dois casos, você é o único a decidir e a definir sua escolha, ou seja, a do céptico que reage como um perdedor, ou a do confiante que decide superar seus obstáculos e saborear uma existência produtiva, progredindo.

Porque sentir-se otimista ?

Sentir-se otimista consiste de certo modo em você começar uma nova viagem de onde encontra-se atualmente em direção de sua felicidade. Quaisquer que sejam os acontecimentos que ocorrem, alguns têm o hábito de ver o aspecto positivo dessas circunstâncias, enquanto outros têm tendência a se fixarem no lado negativo. Cada uma dessas percepções reflete uma realidade pessoal. Objetivamente, é correto afirmar-se que um copo está meio vazio, como também afirmar-se que está meio cheio. Porém, de um ponto de vista subjetivo, essas duas afirmações determinam perspectivas completamente diferentes. O essencial é o que sentimos de maneira subjetiva, individual, e é possível você influenciar essa subjetividade, bastando apenas orientar voluntariamente a percepção que tem dela.

O otimismo é uma escolha que você controla, o que significa que pode desenvolver competências para a melhorar através da adopção de uma atitude positiva, como por exemplo :

- Cercar-se de pessoas com temperamento positivo;
- Não deixar-se ofender facilmente;
- Evitar conflitos inúteis;
- Desejar o bem de todos;
- Sentir gratidão por seus talentos, habilidades;
- Aceitar a crítica e tirar proveito para ameliorar-se;
- Sentir-se receptivo às mudanças positivas;
- Detetar nos fracassos oportunidades para progredir;
- Respeitar seus semelhantes;
- Sorrir com mais frequência, etc.

E tudo isso proporciona-lhe várias vantagens, como melhores relações interpessoais, mais energia física e mental, maior entusiasmo, e reações corajosas espontâneas perante os desafios da vida.

E os privilégios que você recebe de seus pensamentos e atitudes otimistas resultam em :

> **Um melhor sentimento de autoestima**

A pessoa otimista tem uma visão positiva da vida e costuma ter o ponto de vista do copo meio cheio. Este tipo de percepção de sua própria realidade facilita o reconhecimento de suas habilidades e talentos.

> **Uma melhor reação perante os obstáculos a ultrapassar**

O otimista sente-se menos atingido psicologicamente pelos fracassos e obstáculos que deve afrontar, por que vê na adversidade um estado passageiro e sobretudo uma ocasião para progredir.

> **Melhores relações sociais**

Quem gosta de estar continuamente em presença de pessoas pessimistas ? Penso que muito poucas pessoas, à não ser aquelas que se assemelham nesse tipo de comportamento, por que atraem-se. Naturalmente, você segue a tendência de procurar pessoas de tipo otimistas, pois a alegria de viver que propagam é contagiante e contribui para o seu próprio bom humor.

A arte de concretizar

> **Um melhor estado de saúde geral**

Vários estudos científicos demonstram que o otimismo melhora a capacidade de seu organismo no combate contra doenças. Um desses estudos foi realizado pelo Dr. Eric S. Kim, da universidade de Harvard. Os pensamentos positivos são como vitaminas indispensáveis que você deve incluir em sua rotina logo pela manhã. Estudos indicam que um estilo de vida onde primem os pensamentos positivos resultará em uma vida mais saudável, onde o risco de você sofrer de depressões e apresentar determinadas doenças será menor, e a longevidade será incrementada em 20% em relação às pessoas negativas. Pode então a negatividade consumir sua saúde ? Parece que sim. Os pensamentos negativos atuam como um círculo vicioso no qual você pode facilmente prender-se. A baixa autoestima pode travar suas perspectivas e projetos, o mergulhar em incertezas que às vezes parecem sem saída, imobilizá-lo em suas algemas mentais.

> **Um progresso pessoal mais acelerado**

Como os otimistas são, geralmente, espiritualmente mais receptivos, aceitam mais facilmente as mudanças, e têm propensão a experimentar novas maneiras de viver com entusiasmo, tudo isso lhes facilita o progresso pessoal. Ao contrário, os pensamentos negativos tornam-se em crenças limitantes. Lembre-se de que é você quem decide o que pensar, e quem comanda seus pensamentos. Se você realiza ações eficazes para buscar novas soluções mais fortalecedoras, você está condicionando o seu sistema nervoso para sair do estado negativo e mudar para um estado emocional positivo. O importante é você ter a boa atitude e coragem, agindo para que acostume-se a pensar de modo otimista procurando sempre detetar o lado positivo dos acontecimentos, de modo a tirar proveito deles para progredir.

Portanto, você pode também questionar-se sobre o perigo de tornar-se demasiado otimista. Com uma tal atitude você pode correr o risco de carecer de realismo perante os diversos obstáculos que surjam em seu caminho, e comportar-se de modo imprudente. Por isso, a melhor atitude a assumir é a do otimismo realista que consiste em analisar as situações com um estado de espírito positivo, mantendo o sentido prático nas tomadas de decisões. E é aprendendo a pensar de modo diferente e mudando de perspectiva que você atinge sua metas, lembrando-se que nenhum pessimista descobriu segredos do universo, não navegou até terras desconhecidas, e nem abriu caminho para o progresso da humanidade.

EXERCÍCIO 14

À partir de agora, você tem a escolha entre assumir um comportamento pessimista ou otimista em sua vida, e adoptar assim o estado de espírito de um perdedor ou o de um vencedor. É pensando diferente e mudando de ponto de vista que você atinge sua meta e experimenta o seu sucesso.

Anote os 7 hábitos descritos abaixo em seu suporte de exercícios e inspire-se deles diariamente :

1. Aceite o que não consegue mudar, em vez de lamentar-se, e faça o máximo para modificar o que consegue, para assim evitar possíveis frustrações;
2. Aprenda as lições que seus erros e fracassos podem ensinar-lhe, por que são os seus melhores instrutores;
3. Cerque-se de pessoas que compartilham atitudes e hábitos positivos, pois estas o ajudam a pensar de modo positivo;
4. Faça à si mesmo as perguntas adequadas, aquelas que lhe proporcionam dinamismo, como :

   ➢ **O que é que esta dificuldade pode ensinar-me ?**

- Que lição posso tirar desta experiência ?
- De que modo este fracasso permite-me progredir ?
- O que existe de formidável nesta situação?
- Como posso reverter esta situação em meu favor ?

5. Concentre sua energia naquilo que você é capaz de realizar, isto é, sobre as suas possibilidades e oportunidades atuais, em vez de insucessos passados.
6. Mantenha-se focalizado em seus projetos, em sua meta. Pense nos resultados que quer obter, porque os deseja alcançar, procurando avançar um pouco à cada dia em direção deles. Desse modo você afasta pensamentos negativos de sua mente;
7. Tire um tempinho todos os dias para visualizar-se na concretização de seu sonho. Megulhe durante pelo menos 5 minutos na pele de seu futuro "Eu", acreditando firmemente que atingiu sua meta. Veja o que faz, como se sente, quais são suas sensações gerais, suas emoções. Que mensagem o seu futuro "Eu" quer enviar ao seu "Eu" presente? Aprecie os efeitos positivos de sua visualização sobre a sua motivação do momento presente.

Lição 15

Não sinta medo do fracasso nem do sucesso

Mesmo que você não acredite, o receio de triunfar é um obstáculo frequente que muitos sentem e os impede de atingir suas metas. Contrariamente ao que se pode pensar, não é o medo de falhar o maior impedimento a ultrapassar para quem deseja realizar seus sonhos, mas sim o de triunfar.

Quando você encontra-se ainda no ponto de partida da realização de seu objetivo, pode por vezes sentir que apesar de não ter ainda conseguido colocar-se em ação, pressente intimamente a convicção de que possui todas as capacidades e recursos para atingir sua meta. Essa sensação é uma consequência de seu sentimento inconsciente do receio de triunfar devido às mudanças que deverá enfrentar como resultado de seu sucesso, como por exemplo :

- Usufruir de mais notoriedade;
- Sentimento de insegurança pessoal e/ou material por maior acumulação de riqueza;
- Uma certa privação de liberdade de movimento em todos os ambientes;

- Maior exposição da vida privada;
- Não saber como reagir perante a fama, a popularide, de modo adequado, etc...

Imagine um pouco toda a agitação que poderia produzir-se em sua vida se, de uma só vez, todos os seus sonhos se realizassem. Isso faz com que muitas pessoas acabem preferindo renunciar à seus projetos, em vez de prosseguirem caminhando em direção do alcance de suas metas.

Talvez você pense que eu possa estar a exagerar. Portanto, fique ciente que :

- As sociedades de loteria têm um serviço especializado de ajuda aos vencedores de grandes prémios, que em caso de pedido os acompanham psicologicamente de modo a garantir que esses beneficiários mantenham o sentido da realidade, permanecendo objetivos e realistas, não deixarem-se seduzir por ambições desmedidas, e não serem enganados facilmente por pessoas sem escrúpulos.
- A maior parte dos vencedores de grandes prémios da loteria perdem a maior percentagem de seus ganhos ao longo dos primeiros 12 meses;

- Muitas pessoas recusam promoções em suas atividades profissionais com receio de não sentirem-se à altura das novas responsabilidades;
- Muitos grandes atletas não transformam-se em grandes campeões por que falham psicologicamente;

O receio de triunfar está geralmente relacionado com a resitência à mudança. Efetivamente, se você atinge sua meta de modo bem sucedido, sua situação pessoal evolui, pois sua vida é, em consequência e à várias níveis, influenciada por várias modificações. Provavelmente, novos projetos surgem, você usufrui de um novo estatuto social, acompanhado de novas e maiores responsabilidades. A sua rotina transforma-se e, em resultado de toda essa movimentação em sua volta, pode manifestar-se o receio de perder algumas condições de sua vida que muito estima, como a tranquilidade, a liberdade de movimentos, o respeito de sua vida privada, entre vários outros motivos. Em regra geral, muitos preferem continuar no caminho conhecido, por simples acomodação, do que assumirem certos riscos calculados e que podem tornar-se na realização de sonhos que sempre desejaram concretizar. É insensato continuar fazendo sempre a mesma coisa e esperar resultados diferentes.

E, sem mudanças, sem o seu próprio esforço para sair de sua zona de conforto, sem ação de sua parte, tudo continua no status quo, como é evidente. Você acredita que controla sua vida, que desfruta de uma certa segurança, de estabilidade, e que vive dentro de uma bolha de defesa contruída em sua volta. Mas, como você pode observar diariamente em sua volta, atualmente nada pode ser considerado como adquirido. De um momento para o outro, circunstâncias imprevistas provocam mudanças negativas repentinas nas vidas das pessoas, e em um curto espaço de tempo, todas as certezas que possuiam tranformam-se até em degraças pessoais. E, como situações negativas não acontecem unicamente aos outros, temos de estar preparados para enfrentar todo tipo de casualidades. Um comportamento adequado à imprevistos da vida é aquele em que você antecipadamente coloca em movimento um processo de realização de um projeto pessoal, com o propósito de não depender de eventualidades do destino. Pois dessa maneira você afirma-se como o verdadeiro comandante de seu destino, evitando ao mesmo tempo receios resultantes de decisões negativas inesperadas e tomadas por terceiros.

Todos esses pensamentos contraditórios provocam em si o receio de fracassar na concretização de seus objetivos de vida, assim como o medo de perder a sua situação profissional ou pessoal atual. E em resultado da inércia que a falta de decisão lhe provoca, sentimentos de dúvida percorrem sua mente provocando questões do tipo :

- E se eu perder tudo que conquistei até hoje, por causa desse meu novo projeto?
- E se eu não sentir a coragem de assumir um possível fracasso ?
- Em caso de sucesso, meus amigos, familiares, aceitarão positivamente meu novo estatuto social ?
- Eu saberei gerir meu novo tipo de vida em caso de sucesso ?, etc...

Como pode verificar, o medo de triunfar que você pode sentir não está diretamente relacionado com o facto de não conseguir unicamente atingir sua meta, mas sim com o de uma situação futura que ainda não consegue controlar. No fim de contas, é uma mistura entre o receio de perder o controle sobre as diversas situações atuais de sua vida e a falta de autoconfiança ressentida essencialmente na impressão de não se conseguir gerir uma nova situação futura. Ora, se você consegue realizar seu projeto, existe uma probabilidade enorme de possuir as capacidades necessárias para assumir o controle do que surgirá à seguir.

É precisamente por esse motivo que você deve preparar-se para o sucesso pessoal, lembrando-se constantemente de adoptar o bom estado de espírito, de sentir autoconfiança, autoestima, acreditar em si e no que quer realizar, convencendo-se com determinação de que é capaz de concretizar o que almeja.

Tanto quanto o seu bom estado de espírito positivo é importantíssimo, as sugestões abaixo são também indispensáveis, e permitem-lhe aprender a dominar e a eliminar o seu medo do sucesso, ou do fracasso.

Defina objetivos realistas e realizáveis

O processo de estabececimento de metas o ajuda a definir o que pretende realizar, e ao saber exatamente o que quer alcançar você sabe em que deve concentrar seus esforços. Determinar metas é uma técnica poderosa para você refletir acerca de seu presente ao mesmo tempo que desenha o seu futuro, motivando-se para transformar a visão do que pretende alcançar em uma realidade palpável. Para não sentir-se pressionado pela ânsia de materializar seu objetivo, influenciado pela impaciência, e não sentir-se por isso desmotivado, divida sua meta em submetas mais facilmente concretizáveis para assim poder exercer um melhor controle sobre a sequência de evolução.

Peguemos em **um exemplo** que já citei anteriormente. Você define a meta de escrever um livro de mais ou menos 360 páginas, estipulando o prazo de 90 dias para o terminar. Após começar a redigi-lo, e como o tempo não passará mais lentamente nesse trimestre, você começará sentindo a pressão aumentar. Confira que para respeitar o prazo terá de escrever em média pelo menos 4 páginas por dia, em 7 dias por semana. Como deve com certeza ter de fazer pesquisas sobre o tema, efetuar correções ortográficas e gramaticais, lhe dar um certo formato, etc., todos esses constrangimentos lhe parecerão insuperáveis. Mas, se em vez disso você definir o prazo de 12 meses para o finalizar, dividindo o livro em, por exemplo, 12 capítulos, terá que escrever apenas um capítulo por mês. Se cada capítulo for constituído de 30 páginas, você terá como submeta escrever uma página por dia.

Desse modo, seu objetivo torna-se repentinamente mais realista e realizável, liberando-o da perturbação e da pessão causada pelo receio de fracassar não conseguindo atingir a meta que definiu atingir. Você poderá em consequência trabalhar serenamente, fazer suas pesquisas com tranquilidade, ocupar-se mais eficazmente das correções e da formatação necessárias.

Comemore cada pequeno sucesso

Tendo em conta o exemplo precedente, providencie festejar à cada mês a conclusão de cada capítulo. Este procedimento o encoraja a avançar, e lhe permite contemplar o progresso em direção de sua meta final, o que alimenta a sua autoconfiança e automotivação. Felicite-se pelos seus pequenos sucessos alcançados e sinta-se feliz por ultrapassar cada dificuldade que possa deparar-se ao longo de seu percurso.

Não se coloque em situação de estresse

Uma das causas frequentes de fracasso na realização de seus projetos é o erro que pode cometer ao estabelecer um plano de trabalho irrealista e irrealizável logo à partida. Tomando o exemplo anterior, se você prevê escrever um livro de mais ou menos 360 páginas em 90 dias, sabendo que dispõe, por exemplo, de 2 horas por dia, com certeza irá falhar. Além de não conseguir respeitar o pazo definido, irá trabalhar sob a influência de um grande estresse que prejudicará a qualidade do conteúdo de sua obra, sem falar de sua saúde e outras consequências negativas, e você muito provavelmente acabará desistindo. Lembre-se de dividir sua meta em submetas.

Não seja precipitado

Coloque em prática seu plano de ação para atingir sua meta, mas sem sentir-se demasiado apressado nem deixar-se pressionar pelas circunstâncias que possam atardá-lo em certos momentos devido à imprevistos. A ansiedade causada pelo desejo de alcançar seu objetivo à pressa pode provocar-lhe desânimo, e a precipitação pode fazê-lo atrapalhar-se no desempenho da estratégia que definiu, e levá-lo a desistir por falta de motivação. É como alguém que lança uma atividade independente por internet acreditando que fará fortuna passado 6 meses. Pode acontecer, claro, mas é um caso raro. Ao fim dos 6 meses, ao constatar que conseguiu concluir, por exemplo, apenas 130 vendas, desiste. Penso que, em vez de definir fazer fortuna em 6 meses, ele tivesse definido a meta de fundar uma empresa online que criasse valor ao longo do tempo, prevendo o objetivo de faturar através de suas vendas, por exemplo, 3 mil euros mensais à partir do segundo ano de atividade, esta atitude lhe permitiria alcançar sua meta sem precipitação. Agindo deste modo, trabalhando por etapas, teria tempo de analisar e estudar seu mercado de atuação, aperfeiçoar sua oferta, desenvolver sua influência, aumentando progressivamente a faturação de suas vendas. E tudo isso de modo sereno, evitando a influência negativa do estresse, da ansiedade e da falta de motivação.

Não encare sua meta como um adversário a ser vencido, mas sim como uma realização pessoal a ser conquistada gradualmente, com paciência, perseverança e tenacidade. Como afirma, e bem, o ditado, Roma não foi construida em um só dia.

Permaneça focalizado em sua meta

Se é o seu caso, pare de dispersar sua energia tentando alcançar várias metas simultaneamente, correr atrás de várias lebres ao mesmo tempo, e preocupar-se com diversos acontecimentos que não estão diretamente relacionados com as suas pretensões pessoais. Esse tipo de comportamento rouba-lhe grande parte da energia que deve dedicar ao seu projeto, e não lhe traz resultados positivos e concretos para sua vida. Fora de seus momentos de lazer passados em família, com amigos, e que são necessários para o seu descanço físico e mental, assim como para seu desenvolvimento pessoal, desconectando-se por momentos, afim de relaxar e recuperar vigor, concentre-se no que deseja realizar. Por que, para percorrer o seu itinerário em direção de sua meta, é importantíssimo você manter o foco na sua trajetória.

O foco em sua meta é um dos fatores mais importantes e que determinam a probabilidade de você a alcançar, pois o ajuda a seguir em frente mobilizando seus recursos, canalizando-os em uma certa direção desejada. Desse modo você progride com persistência no caminho que o leva ao seu sucesso.

Não sinta medo de fracassar

O famoso jogador de basketball, Michael Jordan, disse certa vez :

"Falhei mais de 9 mil cestos e perdi quase 300 jogos. Em 26 finais diferentes de jogos decisivos fui encarregado de tentar marcar o ponto que decidiria a vitória de cada jogo, e falhei ! Tenho uma história pessoal repleta de fracassos em minha vida. E é exatamente por isso que me transformei em um sucesso no que faço".

A verdade é que as pessoas que alcançam grandes triunfos são aquelas que não sentiram medo de fracassar e de arriscar de modo calculado. Pois **o fracasso é mais um passo na direção do sucesso**, no sentido que ele lhe permite corrigir a sua estratégia, seu plano de ação, e continuar a progredir. As únicas pessoas que nunca cometem erros, nunca falham, são aquelas que apesar de desejarem realizar algo de especial nunca tentam nada, por que sentem receio de falhar sem mesmo porem-se em movimento para concretizarem uma paixão que sempre almejaram. Pense que um fracasso é um trampolim para o seu sucesso, e nunca renuncie ao longo de seu percurso. Transforme as possíveis dificuldades com que se depara em simples etapas necessárias à sua evolução, à sua progressão em direção de seu êxito.

EXERCÍCIO 15

Por vezes o sucesso pode ser assustador, e o receio de falhar é a principal causa de bloqueio pessoal. Por isso é importante você preparar-se antecipadamente para tais situações.

Anote as 4 sujestões mencionadas abaixo em seu suporte de exercícios, e nos momentos que sente sobretudo o medo de falhar, de não conseguir alcançar a meta que definiu, leia-as e utilize-as para alimentar e fortalecer seu estado de espírito.

1. Nada é garantido previamente e uma certeza em que acredito é que parado não alcanço resultado positivo algum. Tentar é uma opção e eu não deixo que o medo de errar impeça-me de lutar pelos

meus objetivos e atingir minha meta. Por isso, arrisco de modo calculado e ouso fazer diferente.
2. Dou um passo de cada vez, compreendendo que continuar seguindo em frente é mais importante do que ir mais rápido. Avanço ao meu ritmo, etapa por etapa, e sinto-me vitorioso festejando cada fase concluída.
3. Mantenho sempre uma atitude positiva e confiante. Nem sempre tudo acontece como planejado e é normal surgirem certos imprevistos ao longo do meu percurso. Lembro-me sempre que errar faz parte do processo de evolução e quando falho tento compreender o motivo para logo o corrigir. Mantenho uma postura positiva e lembro-me que minha atitude perante as dificuldades é mais importante do que as próprias ocorrências.
4. Pratico diariamente a visualização positiva, durante alguns minutos, imaginando o sucesso da realização de minha meta.

Lição 16

Utilize as ferramentas à sua disposição

Já abriu alguma vez sua caixinha de ferramentas indispensáveis à realização de seus sonhos ? Suponho que não. Pessoalmente, eu já conhecia algumas das minhas, que utilizava de modo até insconsciente. Mas como desconhecia outras muito importantes, não pude concentrar-me nelas e em seus aspectos principais a serem aprimorados e utilizados em meu favor no alcance de alguns de meus objetivos remotos.

Há alguns anos conheci duas pessoas que encontraram-se e tornaram-se amigas. Eram colegas na universidade, e terminaram suas idênticas fomações ao mesmo tempo. Praticamente nada, à nível instrutivo, os diferenciava. Adquiriram a mesma instrução e obtiveram o mesmo diploma, e os dois sonhavam com um futuro radioso à altura de suas ambições. Hoje trabalham na mesma empresa, são casados e pais de família. Mas, ao contrário do início de suas carreiras profissionais, existe atualmente uma diferença nítida logo à primeira vista. Um deles transmite um ar de tristeza, seu olhar é vago e sua atitude hesitante. O outro, transborda de energia, alegria, entusiasmo, seu olhar é brilhante, sua atitude firme e confiante. Porque uma tal diferença ? O primeiro, é responsável de uma pequena entidade no seio do grupo empresarial, não sente-se realizado profissionalmente ao nível de suas ambições, e acomodou-se. O segundo é presidente e diretor geral do mesmo grupo empresarial e sente-se muito bem sucedido. Afinal de contas, o que os diferencia ? O que fez com que um deles tenha alcançado o sucesso pretendido, enquanto que o outro renunciou aos seus sonhos e ambições ? Não foram as instruções recebidas, por que têm o mesmo diploma. Não foi por causa da qualidade de ensino recebida, pois são equivalentes e frequentaram a mesma universidade, e ao mesmo tempo. Não foram desejos discordantes por que os dois aspiravam ser um dia presidente e diretor geral da empresa onde trabalham. A diferença pode muito provavelmente situar-se no fato de que um deles soube melhor do que o outro como utilizar mais eficientemente os conhecimentos adquiridos, e sobretudo as ferramentas à sua disposição para atingir a meta que definiu.

E, antes de você mesmo utilizar os utensílios que lhe indicarei, deve primeiramente reler suas respostas dadas aos seguintes exercícios, em seu suporte :

Exercício 5 : "Quem sou eu verdadeiramente ?";
Exercício 6 : "O que desejo realmente obter na vida ?".

Agora que já se lembra de quem você é, e o que deseja conquistar, eis abaixo as ferramentas que deve utilizar para concluir seus projetos e alcançar o sucesso desejado.

Adopte o bom estado de espírito

É o primeiro e o mais importante dos traços de caráter que você deve adquirir. Basta você observar como comportam-se as pessoas que triunfam em qualquer ramo de atividade, seja empresarial, desportivo, musical, político, social, etc. Elas possuem um mental de vencedores, de campeões, de líderes, e todos esses traços de personalidade que detêm em comum é devido ao estado de espírito que decidem adquirir e consevar ao longo do tempo. Na sua resposta ao exercício 9, você encontrou um modelo de referência para lhe servir de inspiração. Por isso, coloque em prática diariamente tudo o que pesquisou acerca desse seu ídolo e siga o que decidiu aplicar em sua vida.

Faça seu balanço pessoal e profissional

Para traçar o percurso que o leva em direção do sucesso, você tem que definir um ponto de partida, que é o seu balanço pessoal e profissional, assim como o seu ponto de chegada que corresponde à sua meta. Para isso, é necessário você saber quem você realmente é atualmente, quem você deseja ser, e o que quer fazer e obter em sua vida. O seu balanço pessoal é a base à partir da qual você constrói sua vida e define seus projetos. No seu caso concreto, reveja o seu exercício 4 e mantenha-se focalizado em suas qualidades principais, ao mesmo tempo que elimina os traços negativos de sua personalidade.

Defina metas claras e específicas

Muitas pessoas não alcançam as suas metas pelo simples fato de não saberem aonde querem chegar. Ser específico e manter o seu processo sempre prazeroso são passos valiosíssimos para atingir as suas metas. Leia e reveja o planejamento das suas metas pelo menos todas as semanas. De preferência todos os dias, dependendo da seriedade e da importância que sua meta significa para você. Quando você relembra à si mesmo quais são as suas prioridades, maiores são as chances de não sair da sua linha de conduta e de não perder tempo com atividades desnecessárias que não o levam à lugar algum. Quanto mais você reforça as suas motivações, quanto mais visualiza todos aqueles louros maravilhosos que vai colher daqui há alguns meses, mais você repete os hábitos que vão garantir o seu sucesso. **Meta** é algum objetivo (ou sonho) definido por escrito, de realização possível, importante e que você quer atingir. Esta definição contém quatro princípios básicos, que são fundamentais para a compreensão do que realmente caracteriza suas metas: são pessoais, escritas, possíveis e importantes.

E como você aprendeu na lição 6, uma meta precisa estar escrita na forma S.M.A.R.T, que significa:

- **eS**pecífica – O quê? Tem o propósito definido;
- **M**ensurável – Quanto? É possível medir se é alcançada ou não;
- **A**lcançável – Como? Tem que ser possível para você a realizar;
- **R**elevante – Por quê? É importante para sua vida;
- **T**emporal – Quando? Tem prazo final definido.

Elabore o seu plano de ação

Ninguém deve lançar-se na conquista do sucesso sem antes saber onde quer ir e como chegar lá. Você deve elaborar uma estratégia que adaptará em função de certas dificuldades que podem surgir ao longo do seu percurso em direção de sua meta. Esta estratégia deve conter o seu plano de ação que é a sua carta rodoviária, seu GPS, e que lhe permite atingir o seu ponto de chegada. Lembre-se que você definiu seu plano de ação no exercício 4, em forma de mapa mental (mind map). Tenha-o constantemente sob seu controle.

Coloque-se em movimento : AJA !

Agir é o elemento principal de sua conduta para o fazer alcançar seus objetivos. Sem colocar em prática tudo o que aprendeu e estipulou em seus exercícios até agora, e que constitui o seu ponto de partida, jamais você conseguirá atingir o seu ponto de chegada, que corresponde à meta que definiu. Coloque seu plano de trabalho em ação, mova-se, faça acontecer, por que a ação gera motivação, e as coisas não acontecem sozinhas. Aja com autoconfiança e acredite que é capaz e que consegue realizar o que pretende. Sinta alegria e seja determinado por ter enfim definido objetivos a alcançar, e lembre-se com entusiamo por que motivo você quer transformar seu sonho em realidade. Aqueles que triunfam têm características em comum. E você tem que fazer parte das pessoas que triunfam. As pessoas bem sucedidas sabem o que querem, onde desejam chegar. Agem para atingir suas metas, avaliam constantemente o progresso de seus resultados para assegurarem-se que continuam em linha com seus objetivos. São flexíveis quando necessário, a fim de adaptarem seus comportamentos até alcançarem o que almejam.

A chave da realização está contida em uma única palavra: **Ação !**

Adopte a boa atitude

A sua atitude reflete o seu estado de espírito, e em consequência você deve estar constantemente atento para, dia após dia, impregnar gradualmente em seu caráter pessoal uma postura de vencedor, como :

- ➢ **O otimismo**, que faz parte da personalidade de qualquer pessoa bem sucedida. Perante as dificuldades, os otimistas não desistem e não deixam-se abater pelo desânimo. Ao contrário, valorizam o lado positivo de todas as situações e procuram oportunidades, e sobretudo soluções;
- ➢ **A autoconfiança**. Acredite em si e nas suas capacidades, em seu projeto e no seu potencial privado em o realizar;
- ➢ **A resiliência**, mantendo-se persistente, sem deixar que obstáculos o demovam de atingir sua meta;
- ➢ **A iniciativa**, por que você não tem que ficar à espera que o sucesso venha ao seu encontro, lhe bata à porta, sem ação de sua parte, mas sim colocar-se em movimento para o alcançar;
- ➢ **A curiosidade**, estando atento ao mundo que o rodeia, questionando e desejando saber mais sobre o que está em relação com a realização de seu projeto, e desse modo encontrar algo extra que o estimula e motiva;

➢ **O foco**, pois tanto em sua vida pessoal como profissional, é importante manter-se focalizado em seus objetivos, sua meta, fugindo assim às distrações superficiais que o desviam de sua rota.

Mude seus hábitos

A qualidade de seus hábitos influencia a de sua vida, na maneira como comporta-se em relação à percepção de sua situação financeira, de sua felicidade, de suas potencialidades e do que acredita ser capar de concretizar. Se você implementa conscientemente bons hábitos em seus comportamentos, suas atitudes tranformam-se e sua qualidade de vida ajeita-se em conformidade. Os resultados que você quer obter são atraídos como consequência inevitável das boas práticas que você desenvolve em sua personalidade. Lembre-se de que não deve lutar contra seus maus hábitos atuais, mas sim transformá-los gradualmente em melhores atitudes em associação com o novo tipo de pessoa em quem quer tranformar-se.

A autoestima

A autoestima é a opinião que você tem sobre si próprio. Algumas pessoas pensam que são extremamente valiosas e capazes e, por isso, merecedoras de qualquer mérito.

Outras sentem-se totalmente incapazes quando devem enfrentar os desafios da vida pessoal e/ou profissional. Ter uma autoestima saudável é vital para obter sucesso à qualquer nível, e a baixa autoestima é o resultado do foco que você coloca em suas características negativas (reais ou imaginárias) e não nas positivas. Pense e aja como um vencedor, sonhe, planeje e execute. Vencedores fazem a vida acontecer. Os perdedores só reclamam e suas reclamações só servem para adiar futuras soluções. Pense positivamente. Nunca se desvalorize e mantenha sempre uma boa imagem de si mesmo. Se você pensa e acredita que é um fracassado, então irá sempre falhar. Mas, se acredita convictamente que é um vencedor, que é capaz de realizar seus sonhos, é nisso que você se transforma. Os seus limites são aqueles que você próprio se impõe. Só existem dois dias no ano em que nada pode ser feito. Um chama-se ontem, e o outro amanhã. Portanto, **hoje é o dia certo para acreditar em si, no que quer realizar, e principalmente para agir**.

Acredite que é possível

Se você centrar sua atenção em um roseiral ele irá florir. Caso resolva colocar sua atenção nas ervas daninhas, elas também irão proliferar. Se medir o seu sonho e achar que é grande demais, sem sentido, e focar sua atenção nos problemas e desafios dos seus sonhos, eles irão crescer. Agora experimente, um dia de cada vez, quebrar os seus padrões de pensamentos restritivos e focar-se nas suas possibilidades. Uma casa é construída, tijolo por tijolo, e assim é do mesmo modo você e sua vida. Você constrói-se aos poucos e à cada passo que dá aproxima-se mais de sua meta, de seu sonho, de sua nova realidade.

Ao seguir os conselhos fornecidos ao longo deste livro, você definiu sua meta e teve em conta todos os parâmetros nele contidos para o ter ajudado a defini-la em plena adequação com os seus valores pessoais, seus desejos mais ardentes, seu balanço de vida geral, suas competências e recursos a utilizar. Tendo em conta que você tem seguido precisamente todos os exercícios que realizou até este momento, que motivo terá para não acreditar que é possível conseguir o que deseja ? À partir do momento em que você age, respeitando a estratégia e o plano de trabalho que concebeu, o que o pode impedir de alcançar o que pretende ? Faça sua história, acredite nela, tenha fé e coragem para transformar seus desejos em sua realidade. Você já decidiu a meta que quer atingir. Agora acredite que pode tê-la, que a merece e que é possível, pois o seu objetivo realiza-se se você tem a coragem de o perseguir.

Pense de modo diferente

Só aquilo que nos é próprio, as nossas singularidades, podem fazer a diferença. Em vez de manter comportamentos antigos, conhecidos, testados, e esperar por comodidade ou falta de percepção, resultados novos, faça diferente e siga em frente em sua vida de acordo com o que quer realizar. Como querer resultados diferentes fazendo tudo exatamente igual ? Você tem que perceber que, enquanto não mudar suas crenças rudimentares que o limitam, ficará preso no mundo de limites pessoais em que vive e do qual deseja libertar-se.

Uma analogia interessante é a da árvore. Suponhamos que a árvore é a sua vida. Os seus frutos são os resultados que você obtem dela. Quando você olha para os seus frutos, vê que são pequenos, azedos, enfim, não são como gostaria que fossem. Agora vamos refletir um pouco. O que faz com que os frutos acabem sendo desse jeito ? Uma das partes principais da árvore que fez com que os frutos ficassem assim foram as raízes. As raízes são as partes invisíveis da árvore que produzem as suas partes visíveis, os frutos. Então, quando você quer melhorar os frutos da sua árvore, primeiro tem que melhorar as raízes dela, ou seja, o invisível altera o visível. Dessa forma, quando você cuida da sua mente (da sua raiz), isso automaticamente reflete-se nos seus resultados (os frutos de sua vida).

Por isso, se você tem pensamentos negativos e limitantes, esses pensamentos irão gerar sentimentos de insegurança, incapacidade e medo, influenciando a forma como você age, e consequentemente os seus resultados. Da mesma forma, pensamentos fortalecedores produzem sentimentos positivos como confiança, determinação e coragem, gerando reações e comportamentos diferentes, com resultados positivos. Na maioria das vezes, o que separa você dos seus objetivos não são obstáculos externos, mas sim internos, que são pensamentos que o paralisam e o impedem de agir. E lembre-se que não existe grandes realizações sem comprometimento. Em qualquer ramo, as pessoas que se destacam não são as mais talentosas e brilhantes, mas sim as que estão dispostas a dar 100% para alcançar os seus objetivos. E o fator comprometimento é o que separa as pessoas que atingem seus objetivos das que desistem pelo caminho. O sucesso acontece para aqueles que se comprometem em fazer o que for necessário para conquistar o que desejam. E nesse aspecto, não há meio termo, ou você compromete-se ou não.

Em conclusão, se alguém atingiu algo que você quer atingir é porque fez algo diferente do que você faz. Ela pensa de forma diferente e com isso age de modo diferente, de maneira a adoptar o tipo de pensamento adequado com o estado de espírito dos que acreditam em si mesmos e no que querem realizar.

Faça "como se"

Todos os dias, antes de executar mais uma ação que o aproxima de sua meta, lembre-se da razão pela qual quer concretizar seu sonho. Logo à seguir, feche os olhos e visualize-se como se já o tenha alcançado. Deixe sua mente vaguear, suas emoções, seus sentimentos de alegria e felicidade convergirem nessa imagem mental, e veja-se sentindo-se imensamente satisfeito por ter concretizado seu objetivo. Sinta-se invadir por um fluxo de energia positiva e aproveite esse instante para canalizar sua motivação, seu entusiasmo, na ação que o faz avançar na direção que definiu. A visualização do que você deseja realizar é uma ferramenta poderosa que permite mantê-lo no caminho que decidiu seguir para alcançar o que deseja, proporcionado-lhe ao mesmo tempo as situações adequadas para o conseguir. Acredite firmemente na imagem que constrói em sua mente e coloque-se em movimento para atrair as circunstâncias propícias às ações que o estimulam. Você consegue materializar aquilo em que crê. Pensar que é, faz com que você seja. Por isso pense e aja "como se" já tivesse atingido sua meta, construindo uma imagem mental positiva, criativa, e deixe que a mesma se expanda para a sua realidade diária, por que o seu futuro é feito de pensamentos emitidos no momento presente.

Organize-se melhor

Manter tudo que precisamos na devida ordem constantemente não é fácil, mas pelo menos no que for possível, ter uma sequência lógica pode nos livrar de aborrecimentos e perdas de tempo desnecessários. Uma boa organização pessoal e profissional é uma das bases do sucesso, por que é própria daqueles que planejam suas vidas e sabem onde e como alcançar o que ambicionam. Ao contrário, a desorganização faz com que você disperse sua energia orientando seus pensamentos para vários lados ao mesmo tempo, em vez de o concentrar na focalização de sua meta. Organizando-se melhor e convenientemente, você mantém-se disciplinado no seguimento de seu plano de ação, sem deixar que distrações inoportunas o distraiam e o desvie de seu percurso. Sabendo distribuir a ocupação de seu tempo diário de maneira inteligente você obtém muita vantagem sobre quem não é organizado. Essas são algumas que eu listo:

- Trabalho mais focado no que é importante, deixando detalhes para outros momentos;
- Mais profissionalismo e qualidade nas atividades realizadas;
- Idéias mais bem estruturadas ;
- Melhores resultados e mais chance de sucesso;
- Consciência do que faz e quando faz, controlando a hora de começar e de terminar;
- Mais tempo livre para atividades de lazer e convívio famíliar;
- Melhoria na qualidade de vida;
- Você sente-se mais descontraído, produtivo, e acima de tudo criativo.

De nada vai adiantar fazer promessas no início do ano, desejar tudo de bom, e o que mais for, se não houver atitude e inicativa de sua parte. Para que um período seja diferente de outro anterior, deve-se primeiro repensar o que não está correto e eliminar os hábitos que impedem de crescer. A organização pessoal não é uma teoria, mas sim colocar em prática certas coisas para que os seus resultados sejam melhores e, também, visar melhor qualidade de vida. As pessoas que destacam-se nas diversas áreas de atividade trabalham com afinco, de forma planejada e organizada, e sabem que o alcance do sucesso exige disciplina pessoal. E disso depende o seu sucesso, a realização de seu sonho. É com a "casa em ordem" que se começa um novo caminho, um novo jeito de fazer as coisas. Isso poderá ser mais um desafio em sua vida, mas lembre-se que são os desafios superados que dão um sabor especial às sua conquistas. E nunca espere que alguém vá organizar sua vida em seu lugar, pois isso é algo exclusivo que deve partir de você mesmo.

Alimente a sua motivação

A motivação é um carburante indispensável ao alcance de seu sucesso, pois permite-lhe aumentar sua produtividade, avançar constantemente em direção de sua meta. Há vários tipos de motivação : aquela que é estimulada positivamente pelas pessoas que gostam de você; a que é estimulada por pressões externas, geralmente de pessoas que trabalham consigo ou esperam algo de suas performances; e a que, ao meu ver, é a mais importante de todas, a que está em você : **a automotivação**. Tenho certeza de que você conhece pelo menos uma pessoa que tem muita consciência da importância de sua força interna, da importância de acreditar em si mesma, na sua própria capacidade, e tira daí a motivação para seguir adiante, apostando em seus sonhos e os concretizando. É aquele tipo de pessoa que você vê que se propõe fazer ou obter algo, e que mesmo que leve um certo tempo para realizar, consegue atingir seus objetivos com muita garra, muito trabalho, mas também muito prazer. Esse processo interno de motivação é a consequência do que se faz, das suas ações voltadas ao auto-aprendizado, auto-estima e autoconfiança. A motivação é fundamental para a sua prosperidade, qualidade de vida e sua realizações. Mas, o maior agente motivador que existe é você mesmo. Você deve estar pensando no que é que você pode fazer para conseguir motivar-se diariamente. Bem, em primeiro lugar, você precisa de um objetivo de vida. Sem ele, fica muito difícil sentir-se autoestima e motivação, e aliás, tudo fica muito mais complicado.

Há pontos muito importantes para a sua automotivação como:

- **Sentir prazer naquilo que faz**, para dar sempre o melhor de si e fazer diferente. Ter um objetivo de vida e buscá-lo com prazer proporciona grande motivação e autoconfiança;
- **Reconhecer e ser reconhecido pelo seu valor e sua importância**. Você tem que dar o melhor de si todos os dias, porque além valorizar-se mais, os outros também vão conseguir identificar o quanto você é importante, o quanto você é imprescindível, e isso o fará buscar sempre mais, ir muito além;
- **Superar-se, buscando desafios**. Isto já faz parte do quanto você é empreendedor na sua vida. Quando você busca desafios, você consegue

superar-se, acredita no seu potencial, alcança metas e concretiza seus sonhos. O desafio torna-o mais criativo e produtivo;

➢ **Ter bom humor**. Se há uma melhor maneira de enfrentarmos crises e problemas, o bom humor é uma das atitudes mais importantes para manter sua energia e motivação em alta. Assim, como a superação, o bom humor também o torna mais criativo e produtivo;

➢ **Elogiar-se e receber elogios**. Talvez você não foi educado para elogiar os outros e tampouco elogiar-se à si mesmo. É um erro, porque uma das melhores formas de se motivar e ser motivado é dar e receber elogios. À partir do momento que você consegue perceber seu valor, você passa a ter muito mais prazer e orgulho no que faz e, consequentemente, torna-se uma pessoa com muito mais autoconfiança, autoestima, sempre motivada e disposta a ir atrás dos seus sonhos.

➢ **Acima de tudo, acredite em você, no que deseja concretizar**, e que é capaz de materializar seus sonhos. Não desista de avançar, esteja sempre consciente de suas capacidades e seja persistente;

➢ **Comemore suas pequenas conquistas**, etapa por etapa, de seu plano de ação, à cada semana, à cada mês. É essencial você celebrar cada submeta atingida e não parar de agir para conseguir obter o que definiu, pois a motivação conecta-se diretamente à sua ação. E você atinge sua meta final executando diariamente cada fração em que ela está dividida.

Então, faça com que você mesmo e as outras pessoas percebam o seu esforço, a sua dedicação. E, mais do que isso, valorize-se e alimente a sua motivação.

Utilize a arte de comunicar

Em qualquer função profissonal, bem como nos relacionamentos sociais, a comunicação é uma habilidade simplesmente essencial para o sucesso. Você deve preocupar-se em saber comunicar de maneira precisa, clara e compreensível, seja para obter um posto de trabalho, para negociar, para convencer outrém, para transmitir suas idéias, conseguir uma promoção, vender um produto ou serviço, manter um bom relacionamento familiar e social. Em muitos casos, saber comunicar vai muito além da transmissão de uma mensagem, pois ela pode garantir a realização de seus objetivos. No entanto, se algumas pessoas já nascem naturalmente aptas a fazerem-se ouvir e entender prontamente, outras, ao contrário, precisam desenvolver essa característica com o tempo, e aqueles que a conseguem dominar obtêm mais facilmente o que desejam.

Portanto, vale à pena você ter alguns cuidados com **a maneira de comunicar**, como :

- Disciplinar a audição, aprendendo a saber ouvir melhor o que os outros querem lhe transmitir;
- Evitar avaliações precipitadas e preconceituosas sobre quem está a falar;
- Respeitar as diferenças de opiniões, sabendo conviver com as diversidades;
- Evitar querer ser o dono da verdade;
- Não tocar fisicamente outra pessoa com frequencia;
- Privar-se da arrogância, elogiando-se demais à si mesmo;
- Falar com clareza, objetividade, de modo natural e sem artifícios;
- Usar um tipo de vocabulário de fácil compreensão, sem exagero de gírias;
- Ter domínio, controle sobre o que fala, através de raciocínio prévio;
- Certificar-se que o receptor da sua mensagem compreende bem a informação que lhe quer transmitir;
- Cuidar de sua expressão corporal e gestual. Estas sinalizam a intenção contida no que você diz e o podem contrariar.

E também, **não esqueça de** :

- Sorrir para seu interlocutor;
- Elogiá-lo com honestidade;
- Agradecer quando é necessário;
- Decobrir o outro, vendo e aceitando suas qualidades;
- Cooperar e construir conjuntamente;
- Perguntar, sem bisbilhotar;
- Compreender, além de ser compreendido.

A melhor maneira de comunicar eficazmente é você fazer as pessoas sentirem que você é verdadeiro através de suas palavras e atos.

Reconsidere a sua relação com o dinheiro

A relação que você tem com o dinheiro o influencia na conquista de seu objetivo. Por isso, não deve querer à todo custo ganhar dinheiro, mas sim começar por querer obter sucesso realizando seu sonho, atingindo a meta que definiu. O dinheiro é uma consequência positiva do seu sucesso alcançado, e por isso, geralmente começa surgindo em maior quantidade em sua vida. E quanto mais você se focaliza sobre o dinheiro, mais desperdiça a sua energia que deve ser principalmente utilizada e canalizada para a concretização das etapas que o levam ao resultado final que almeja, ou seja, do sucesso de seu projeto. E ainda arrisca-se a desviar-se do plano de ação que elaborou para atingir sua meta.

Frequentemente, o dinheiro é um tema relacionado com crenças antigas baseadas em ideologias religiosas ultrapassadas, um espelho que envia pessoas de volta aos seus medos, aos seus mecanismos de defesa, e falar sobre ele é muitas vezes doloroso e mesmo um assunto tabú para muitas pessoas. Ele pode servir de refúgio, de escudo de proteção, de arma de sedução, assim como de um meio de corrupção e intimidação, como de pressão psicológica. De outra maneira, também é utilizado para suscitar a admiração alheia e para compensar a frustração de não sentir-se à altura ou tão capaz pessoalmente ou profissionalmente como desejar-se-ia, em comparação com outras pessoas. Portanto, para que você possa adquirir mais riquezas materiais, saiba antecipadamente manter boas relações com o conceito do dinheiro e suas implicações de abundância material, procurando desenvolver uma boa apreciação do valor intrínseco deste, assim como de seu próprio valor pessoal, sentindo-se satisfeito e feliz por ganhar mais dinheiro, mas sem que este seja para si sinónimo de culpabilidade, vegonha, ou um instrumento através do qual você possa vir a influenciar outros negativamente para obter o que pretende. Para isso, melhore a imagem que você tem de si mesmo e eleve a sua própria consideração pessoal. Tome consciência de seu valor individual, seus recursos, seus pontos fortes, suas qualidades e competências, de seus sucessos já alcançados no passado, em vez de concentrar-se em seus defeitos e sobre aquilo de que sente falta, por que sentir carência de algo amplia em seu espírito o sentimento de vazio.

Procure descobrir, se ainda não definiu efetivamente sua meta principal, o que deseja propor aos seus semelhantes e à sociedade em geral, identificando um produto ou serviço que gostaria de submeter aos outros. Encontre um domínio de atividade através do qual você sentirá prazer em desenvolvê-lo. À seguir, logo que o tenha descoberto, defina o valor particular que você atribui à esse produto ou serviço, assim como o preço que você acredita que ele vale e deseja pedir em troca, tendo em conta quanto os outros estão dispostos a pagar por ele. Não esqueça que a verdadeira riqueza não é propriamente o dinheiro, pois ele é algo de externo à você e submetido à inúmeras flutuações de mercado e à diversos tipos de receios psicológicos.

A energia do dinheiro em nossas vidas está vinculada às intenções que colocamos nele ao recebê-lo ou ao gastá-lo. A maioria de nós, à um nível consciente, quer e gosta de mais dinheiro, pois ele nos permite transformar alguns desejos de ter e fazer algo em realidade. Mas, à nível inconsciente, **muitos possuem crenças como**:

- A vida é uma luta;
- É preciso sofrer para conquistar e construir;
- Dinheiro sempre é insuficiente ;
- Tenho medo de ficar pobre;
- Não posso gastar demais, senão vai me faltar;
- É preciso passar por privações para ser espiritualmente evoluído;
- Sinto culpa em ter muito, pois muitos não têm nada, etc...

À um nível consciente, você pode querer ser bem-sucedido financeiramente. Mas se à nível inconsciente você alimenta crenças que são contraditórias, isso reflete-se em sua relação com o dinheiro. Crenças como "a vida é uma luta" ou "é preciso sofrer para conseguir o que se quer" é algo em que você pode escolher acreditar ou não. Isso não significa que o dinheiro caia do céu em suas mãos, mas também não é preciso torturar-se em um trabalho que não tem nada à ver com suas pretensões porque precisa de dinheiro para sobreviver. Trabalhar e ganhar dinheiro não precisa significar esforço demasiado, e muito menos sofrimento. É importante lembrar que o dinheiro lhe possibilita o ter e o fazer, mas não o ser. Sem essa distinção, a riqueza material passa a representar um fim, não um meio de realizar algo para tornar-se a pessoa que quer ser. Ganhar dinheiro por ganhar, sem uma motivação especial, pessoal e autêntica, apenas aumenta a sensação de que é insuficiente, porque essa escassez é interna e humana e não externa e material.

O valor que o dinheiro tem é aquele que você lhe atribui. E você, que valor tem dado ao seu ? Pense em riqueza como ser alguém melhor, e lembre-se que ele é um instrumento que você pode utilizar para fazer o bem à si mesmo e à sua volta. Por que a verdadeira riqueza é a que você consegue controlar, que lhe é único, como o valor que você se atribui como ser humano e a contribuição que fornece ao mundo. Esta sim, é a sua verdadeira fortuna inalterável, incondicional, à qual o medo não está associado.

Não sinta medo de falhar

Você tem o direito de alcançar o sucesso que deseja naquilo que quer realizar, e atingir sua meta depende unicamente de si. Se você sente por vezes medo de fracassar, tome consciência que quanto mais tenta distanciar-se de seu receio, mais o fortalece. Por isso, é indispensável você afrontar sua preocupação sem a transformar em um muro intransponível. Para isso, aja por etapas, dividindo sua meta final em submetas, como já o aconselhei. Desse modo, à cada vez que ultrapassa uma fase de seu projeto, você verifica consecutivamente que seus receios desaparecem gradualmente, enquanto inversamente seu entusiasmo, sua autoconfiança e determinação aumentam ao mesmo ritmo. Esqueça o passado, não deixe-se invadir por lamentações sobre insucessos anteriores, canalize sua energia para o momento presente e visione o resultado que quer atingir, para assim o influenciar. Lembre-se que a melhor maneira de se prever o futuro é criá-lo agora, e só você pode fazer o seu acontecer. Não perca de vista sua meta, mantendo-se focalizado e aja quotidianamente a fim de aproximar-se cada vez mais dela. Em consequência, seu sonho torna-se possível com a condição de você adoptar o bom estado de espírito, tendo em conta tudo o que já abordamos juntos ao longo deste livro. Não tenha medo de falhar, mas sinta receio de não tentar, por que a persistência é uma virtude que decorre dos erros que cometemos, e o medo é incapacitante, retira-lhe esperança, tolda-lhe a criatividade e paralisa a sua curiosidade.

Sinta-se grato

Geralmente as pessoas passam mais tempo reclamando e queixando-se daquilo que não possedem, do que agradecendo pelo que já conquistaram. E na mesma perspectiva, nota-se que para muitos é mais fácil maldizer alguém por algo que não gostaram, do que bendizer outro alguém pela bondade e gentileza que lhes proporcionaram. Agradecer pelo que você já realizou em sua vida, às pessoas que o incentivam, apoiam e implicam-se consigo no avanço de seus projetos, por mais simples que sejam, coloca-o em um estado de espírito positivo e o motiva a seguir em frente em busca de mais conquistas pessoais. Uma das coisas mais importantes é você reconhecer e apreciar as suas qualidades e as suas realizações. Reconheça seus grandes sucessos como também as pequenas realizações diárias. Todos nós precisamos de reconhecimento, e o mais importante é aquele que nos damos a nós mesmos. Uma maneira simples e poderosa de reconhecer à si mesmo é fazer o exercício do espelho. Pode não ser muito natural no início, mas à medida que você coloca essas ações em prática vai percebendo que mesmo os pequenos atos de gratidão têm um impacto muito positivo na sua vida. É simples :

- Coloque-se em frente de um espelho, na privacidade de seu lar;
- Olhe-se sempre nos olhos de sua imagem;
- Aprecie-se pelas realizações, sucessos, riscos assumidos, por ser disciplinado e perseverante;
- Agradeça por tudo o que conseguiu concretizar durante sua jornada;

- Olhando em seus olhos, diga seu nome em pensamento, e continue agradecendo-se, sentindo o impacto provocado em você ao acabar de ouvir seu reconhecimento como se você estivesse em sua frente;
- **Diga "Parabéns"** à você por ter decidido assumir seu destino;
- Felicite-se por ter definido uma meta e estar em ação para a atingir;
- E, para terminar, repita para sua imagem : "(seu nome)", gosto muito de você".

Todos têm a capacidade e a oportunidade de cultivar o sentimento de gratidão, e basta você usar uns minutinhos do dia para pensar em tudo o que você tem, mesmo que você julgue pouco o que já possui, e não tenha ainda conquistado tudo o que almeja.

Ao invés de viver a vida reclamando de tudo e de todos, desenvolver uma atitude de gratidão é uma das maneiras mais simples para melhorar a sua autoestima, a sua saúde física e espiritual, e consequentemente a sua satisfação com a vida, o que produz a tão almejada felicidade que procura, assim como a serenidade para atingir sua meta.

EXERCÍCIO 16

1. Anote em seu suporte de exercícios os títulos das ferramentas que lhe apresentei nesta lição.
2. Uma vez por semana, releia-os de modo à incrementá-los em sua atitudes.
3. Agora retome a leitura de suas respostas aos **exercícios 6 e 7** e deixe-se invadir por sentimentos positivos, **visualizando quem você quer ser e o que você quer obter na vida**.

Lição 17

Crie sua lista de sonhos a realizar

Todos nós temos em nossas mentes uma quantidade de desejos que gostaríamos de realizar em nossas vidas. É como uma lista de sonhos, nos quais pensamos sobretudo nesses momentos em que permitimos ao nosso espírito vaguear e que na maior parte das vezes fazem-nos surgir aquele sorriso de satisfação ao imaginarmos que os concretizamos. Soltamos um suspiro de alívio e felicidade ao mesmo tempo que pensamos em como seria tão maravilhoso essa imagem transformar-se em realidade neste instante em que a estamos a visualizar.

Essa quantidade de desejos que você quer materializar aumenta com o passar do tempo e tem à ver com a acumulação de novos acontecimentos, a vivência de novas experiências, com novos conhecimentos adquiridos, com o avanço do tipo de vida pessoal e profissional. Todas essas mudanças, que na maior parte das vezes nem sequer foram definidas sob seu controle voluntário, vão-se conectando e influenciando sua vida à todos os níveis, e se você não decide, no meio desse tumulto de idéias, de aspirações, filtrar os objetivos que almeja concretizar em prioridade, você encontra-se ao dispor do acaso, o que pode lhe causar imprevistos bastante negativos em sua vida.

Exemplos de suas aspirações podem ser :

- Economizar uma certa quantidade de dinheiro mensalmente;
- Abrir seu próprio negócio, trabalhar como independente;
- Comprar ou trocar de carro;
- Adquirir casa própria;
- Obter um aumento salarial ou uma promoção profissional;
- Encontrar um companheiro ou companheira;
- Fazer uma viagem desejada há bastante tempo, etc...

Em função dos acontecimentos diários, de desejos de infância, de idéias trocadas em encontros com amigos, com pessoas em seu redor, de suas ambições, você vai lembrando e enriquecendo mentalmente sua lista de desejos pessoais. E isso faz parte da magia da vida, isto é, rever seus objetivos, seus sonhos que ao longo do tempo foram-se adiando, mas que reparecem com mais frequência à medida que o tempo passa. Por vezes basta uma sequência de circunstâncias meramente fortuitas para que então você lembre-se de um desejo que ficou esquecido durante bastante tempo, e o acrescente em sua lista de desejos com que sonha. É mais uma linha a acrescentar em sua lista de vida, ou se prefere, sua **"life-list"**. E você já possui **sua lista de sonhos a realizar, metas a atingir em sua vida**, as quais já formulou ao longo dos exercícios que efetuou até agora. Eu também tenho a minha lista de sonhos. Alguns já realizei, outros estão em processo de concretização, e vários outros estão a espera de serem alcançados ao longo do tempo que ainda disponho. E acolho com um sentimento de felicidade enorme cada momento em que atinjo uma das metas que defini, pois é mais um sonho pessoal que realizei com tanta dedicação e persistência.

Compreenda que sua lista de sonhos não é exaustiva, pois pode ir acrescentando novas metas conforme vai atingindo as anteriormente definidas. Mas tenha sempre em mente que não a deve sobrecarregar por que o interesse principal é você ir concretizando cada um de seus objetivos ao longo de sua vida por ordem de prioridade. Assim, à medida que a sua lista vai encolhendo e que à um determinado momento você note que faltam um ou dois desejos para que ela se esvazie, e dependendo do tempo que falta para os alcançar, pode então acrescentar outras metas.

Em consequência dessa sua maneira de proceder, você descobre desejos seus que talvez tenha esquecido, e também lembra com um sentimento de alegria outros que já alcançou, o que lhe proporciona motivação e entusiasmo para seguir em frente em direção dos que ainda estão por obter, e para os quais ainda não decidiu por-se em movimento. **Acredite no poder e na capacidade que você possui para conquistar cada um dos sonhos de sua "life-list"**, pois como lhe repeti tantas vezes ao longo deste livro, chegar onde você define depende unicamente de você, de sua ação para obter os êxitos que pretende. Como lhe sugiro sempre, pergunte-se sempre porque você quer realizar cada um de seus sonhos. Pense na razão que o levou a querer atingir cada meta que definiu.

Essa **sua lista de vida é um documento pessoal** e deve estar em concordância com suas competências, recursos à disposição e ser o reflexo de seus desejos específicos, sem influências externas. O seu propósito ao criar sua lista é o de colocar os pontos nos "is" consigo mesmo e refletir serenamente para reconhecer em que situação de vida geral você encontra-se atualmente em relação às suas ambições, e onde você pretende ir, ou seja, o que quer fazer concretamente para melhorar suas condições gerais de vida.

Trata-se de um recenseamento do que você pretende concretizar ao longo de sua vida, à partir de agora, e isso por 6 motivos principais :

1. A sua lista de vida o faz refletir sobre o que relamente importa para você, em que ações deve concentrar-se com prioridade;
2. Ela lhe permite transformar-se no ator principal de sua vida, pois a descrição de suas metas incita-o a agir e perseverar para as atingir;
3. Em consequência de seus pensamentos acerca de seus objetivos, escrevê-los lhe permite formular seus sonhos de modo mais adequado e a compreendê-los mais intimamente de forma clara, precisa, sem interpretações ambíguas;
4. A sua lista de vida lhe serve de bússola, permitindo-lhe concentrar-se objetivamente em suas metas, e por oposição evacuar de sua mente o que lhe é inútil e o impede de avançar;
5. Evidentemente, elaborar sua lista de sonhos a realizar transforma seus desejos em algo de tangível, ao seu alcance, e o fato de a reler quotidianamente é um grande passo em direção de suas materializações;
6. E, o mais importante, a realização de seus objetivos através das ações que o levam a aproximar-se cada vez mais da concretização de

A arte de concretizar

suas metas o faz experimentar a satisfação pessoal e maravilhosa do sentimento da missão cumprida.

Agora cabe unicamente à você dar início à redação de sua lista de sonhos a realizar (life-list) e colocar-se em ação para atingir suas metas, progressivamente, de maneira segura, com paciência e perseverança.

EXERCÍCIO 17

Em seu suporte de exercícios comece escrevendo o que mais deseja realizar em sua vida à partir de agora.

De preferência, **divida suas metas por categoria**, seguindo o exemplo do quadro da página seguinte, adaptando as categorias e os prazos de realizações segundo as suas conveniências.

Lista de sonhos a realizar

	1 mês	6 meses	2 anos
Profissão			
Famíla, relacionamentos			
Saúde			
Interesses			
Finanças			
Desenvolvimento pessoal			
Contribuição aos outros			

Em prioridade, baseie-se nos resultados obtidos através das resoluções que definiu nos exercícios seguintes :

Exercício 5 : "Quem sou eu verdadeiramente ?";
Exercício 6 : "O que desejo realmente obter na vida ?";
Exercício 7 : "Quem eu desejo realmente ser ?"

Lição 18

Crie o seu quadro de sonhos

Com certeza que já ouviu dizer que uma imagem vale mil palavras. E a visualização é um dos mecanismos de sucesso que você tem que integrar em sua vida. Todo o conjunto de mecanismos que lhe apresentei até agora são eficazes unicamente com a condição sine qua non de você os executar à partir do momento em que coloca-se em ação para atingir sua meta. É por esse motivo que no fim de cada lição deste livro você tem um exercício a realizar, com a intenção de o ajudar, o motivar a agir em função do que quer alcançar em sua vida.

Hoje vamos conversar um pouco sobre o poder da imagem. A imagem é um instrumento de comunicação muitíssimo poderoso pois permite-lhe captar rapidamente, através da imaginação, o significado de algo que se pretende trasmitir. Uma outra vantagem é a de lhe fornecer rapidamente a possibilidade de escapar-se, sempre por intermédio de sua imaginação, e transportar-se para o interior de cenários preenchidos por seus sonhos em relação com quem você deseja ser, o que quer fazer e o que quer obter na vida.

E é exatamente essa capacidade, essa força sensacional que você vai utilizar à partir de hoje, para sua grande satisfação, ao realizar o seu quadro de sonhos.

O que é um quadro de sonhos ?

Simplesmente uma representação através de imagens do que você quer ser, fazer e obter em sua vida. Cada um de nós possui seus desejos pessoais, e os seus representam tudo o que definiu nos exercícios 5, 6 e 7 de seu suporte. Assim sua trajetória em direção de sua meta fica completa e você pode, então, visualizar o resultado de suas reflexões, ao mesmo tempo que constata que tudo o que consegue visualizar, acreditando firmemente e agindo para isso, consegue realizar mais facilmente em sua vida.

Em seu quadro de sonhos você deve representar :

Em quem você deseja transformar-se :

- Em um líder de sua vida, em seu ramo profissional;
- Em um engenheiro, um médico, um enfermeiro, um economista;
- Um autor, escritor, jornalista;
- Um conferencista, comentador, apresentador;
- Um bom futebolista, nadador, atleta polivalente, etc...

O que você deseja fazer :

- Criar uma empresa, abrir um comércio;
- Inventar um engenho, trabalhar em uma clínica médica;
- Escrever um livro, criar um blog especializado em um certo tema;
- Dar conferências, comentar notícias em revistas especializadas;
- Viajar (onde?)
- Fundar uma associação caritativa;
- Fundar uma ONG, etc...

O que você quer ter :

- Uma casa, um carro, uma moto;
- Um restaurante, um petshop;
- Reconhecimento público como autor de livros;
- Reputação nacional e international como conferencista;
- Uma piscina, um jaccuzzi em sua casa;
- 5'000 seguidores inscritos em seu blog, etc...

Para alguns, este procedimento pode parecer banal, mas para outros esta ferramenta de contemplação das imagens do que desejamos alcançar tem todo o sentido pelo fato de nos fazerem lembrar constantemente as metas que perseguimos, sem nos deixarmos distrair repetidamente por pensamentos irrelevantes. O que é primordial é você utilizar os recursos de que dispõe e que o ajudam de maneira eficaz a atingir suas metas, e este é um deles.

Ao longo dos anos fui-me sentindo surpreendido pelo fato de constatar que aquilo que eu conseguia ver através de imagens mentais, e em que eu realmente acreditava conseguir conceber, concretizava-se muito mais facilmente através de minhas ações, sem que fosse necessário um enorme esforço de minha parte. Então compreendi que o sentido que eu mais devia utilizar para facilitar a realização de meus sonhos era, além da visualização mental, a observação de imagens representativas das metas que eu desejava atingir. E isso é uma técnica que também as agências de publicidade conhecem bem, pois compreenderam que invadir o espírito do consumidor com imagens de seus produtos, fazendo-as imprimirem-se em nosso inconsciente, influencia nossas escolhas e decisões, pois nosso inconsciente é programado principalmente através das imagens que capta de forma repetitiva.

Daí a importância de você impregnar a sua mente com imagens positivas em vez de outras representativas de violência, miséria, distúrbios, enfim, de apreensões negativas. Tudo o que você vê neste mundo foi primeiro pensado, imaginado e à seguir materializado.

Portanto, tudo em que se pode pensar, imaginar, pode-se realizar com a condição de que você detenha os recursos, as competências, a vontade, a crença, e coloque-se em ação para o concretizar. Lembre-se que a realização de seus objetivos é uma das experiências mais importantes de sua vida, e que você passa a maior parte de seu tempo correndo atrás do que deseja alcançar. E saiba que muitos renunciam aos seus sonhos pela simples razão de perderem de vista as imagens mentais que os motivava, esquecendo-as ao longo do tempo. E a visualização quotidiana dos objetivos que você deseja concretizar permite-lhe manter-se concentrado e focalizado em suas metas, sustendo seus pensamentos alinhados com o que quer realizar.

Como criar seu quadro de sonhos ?

Você pode optar, seja por um quadro em cortiça que encontra à venda em várias superfícies comerciais, ou então por uma folha de caderno ou outro tipo de suporte com o qual sinta-se confortável. O importante é que sua opção vá no sentido de um tipo de suporte que esteja em um campo de visão de fácil acesso diário de sua parte.

Veja na página seguinte a ilustração de um exemplo.

A arte de concretizar

Quadro de sonhos a realizar

Para ilustrar o seu quadro :

1. Disponha das **listas de resultados de seus exercícios 4, 6 e 7**, respectivamente do que definiu acerca do que você quer fazer, o que deseja obter e em quem deseja transformar-se;
2. Em função de suas respostas, **destaque 4 à 6 ítens principais**, correspondentes à metas prioritárias. Procure **imagens, fotos, textos, afirmações positivas,** correspondentes aos seus objetivos, para poder ilustrar o seu quadro. Seja o mais específico possível na sua elaboração;
3. Não o sobrecarregue com uma enorme representação de desejos, senão seu subconsciente sentir-se-á confuso com uma tão

grande quantidade de metas declaradas ao mesmo tempo.

Você deve sempre ter em mente que a **persistência é uma das chaves do sucesso**, e que para ter, primeiro você precisa ser. O que significa que todos os dias, ao contemplar seu quadro, você tem que sentir-se como se suas metas já tenham sido alcançadas e agir um pouco todos os dias aproximando-se cada vez mais delas, para enfim as atingir.

Onde colocar seu quadro de sonhos ?

Coloque-o onde tenha a oportunidade de observá-lo diariamente, mantendo-o em um local onde o possa ver sem dificuldade pelo menos uma vez de manhã e outra de noite, antes de deitar-se. Se possível, guarde uma cópia em seu telefone portátil, tablet ou notebook para que, ao longo do dia, no caso de sentir-se desmotivado, desconcentrado por motivos alheios aos seus projetos, você consiga dar uma olhada nas representações visuais de suas metas e experimentar a satisfação interior causada pelos sonhos que persegue.

O seu quadro de sonhos é algo privado, de sua exclusividade, e só à si diz respeito. Por isso, apesar de o dispor onde você o possa ver facilmente com frequência, mantenha-o ao abrigo de olhares indiscretos. Não o mostre senão à alguém de sua inteira confiança e com quem partilha sua existência, por que senão, ao ter que estar a dar vastas explicações sobre os motivos de seus símbolos, uma grande parte de sua energia tende a dispersar-se em vez de ser canalizada especialmente para as ações relativas à concretização de seus projetos.

EXERCÍCIO 18

De acordo com as sugestões que lhe propus, defina em que tipo de suporte você deseja criar seu quadro de sonhos. **Componha-o seguindo os conselhos que lhe sugeri, isto é :**

- **Escolha metas variadas e prioritárias, contidas em seus exercícios 4, 6 e 7;**
- **Não inclua mais do que 6 metas de uma só vez;**
- **Logo que seu quadro esteja finalizado, contemple-o 2 vezes por dia no mínimo, e trabalhe quotidianamente para atingir suas metas, seguindo seu plano de ação.**

Lição 19

Defina seus objetivos para os próximos 12 meses

Eis chegado o momento de você definir claramente e precisamente o rumo que quer dar à sua vida. É fundamental você esclarecer a direção que deseja seguir, e isso começa pelo estabelecimento de seus objetivos.

Lembre-se que definir como finalidade prioritária ganhar dinheiro é errônio, pois este não é a intenção de uma meta, mas sim uma consequência positiva da realização de seus objetivos. Não esqueça que suas metas devem ser subdivididas de modo a tornarem-se mais simples e concretizáveis.

Definir como alvo escrever um livro de 200 páginas em 12 meses e colocar-se em ação sem mais pormenores poderá desmotivá-lo em pouco tempo, devido à períodos de estresse e abatimento que terá de suportar por não saber se relamente o conseguirá atingir sem ter estipulado etapas de verificação de avanço. Abaixo cito um exemplo de definição de meta de maneira clara e precisa, de modo que esta torne-se realista e realizável.

Exemplo : Elaborar um livro de 200 páginas em 12 meses.

➢ **Objetivo n° 1, à longo prazo** :
Escrever um livro de 200 páginas em 12 meses, e terminá-lo no dia 30 de junho de 2018;

➢ **Objetivo n° 2, à médio prazo** :
Redigir 20 páginas por mês;

➢ **Objetivo n° 3, à curto prazo** :
Escrever uma página por dia, durante 5 dias por semana, com data de início em 1 de julho de 2017.

A finalidade em dividir sua meta em submetas consiste em:

➢ Medir os seus progressos realizados;
➢ Celebrar as suas pequenas vitórias (submetas atingidas);
➢ Alimentar a sua motivação;
➢ Lançar-se pequenos desafios para atingir mais facilmente os maiores.

Se antes, a definição de uma meta geral poderia parecer-lhe um objetivo aparentemente volumoso e arriscado no sentido de sentir-se capaz de o concretizar, o fato de o fracionar fá-lo agora perceber que afinal redigir uma página por dia torna sua meta muito mais simples, realista e realizável. E isso contribui para que você estimule sua motivação, sua criatividade, proporcionando-lhe o tempo necessário para efetuar pesquisas sobre o seu conteúdo, correções ortográficas e gramaticais, etc., em função de suas necessidades. Sem dar-se conta disso, à cada dia você executa uma tarefa acessível, que no princípio poderia parecer-lhe insuperável. Qualquer que seja o seu domínio de atividade e seu objetivo, definir metas é praticamente uma obrigação no caso de você querer alcançar sucesso e realizar seus sonhos. É um dever seu, se você não pretende deixar sua vida terminar sem a ter conduzido de forma consciente.

Por que **estabelecer objetivos permiti-lhe** :

- Manter acesa a chama de sua paixão pela realização de um sonho;
- Enaltecer-se, valorizar-se pessoalmente;
- Ultrapassar seus próprios limites estabelecidos;
- Sentir-se autoconfiante e competente;
- Testar à cada dia sua capacidade de perseverança;
- Saber que levanta-se à cada dia com intenções claras e precisas do que pretende fazer para progredir;
- Prosperar, desenvolver-se, triunfar.

Por isso, pergunto-lhe: e você, quais são suas expectativas, suas exigências pessoais, seus objetivos, suas metas ? **Você :**

- Já escolheu os sonhos que quer realizar ?
- Já definiu ao menos uma meta a atingir nos próximos 12 meses ?
- Já pensou na estratégia que deve elaborar para a alcançar ?
- Já redigiu seu plano de ação com as tarefas que deve efetuar diariamente para a atingir ?

Espero que as suas respostas sejam afirmativas, pois já o ajudei a definir ao longo dos exercícios deste livro o que acima lhe pergunto. A sua meta é o farol que o guia, que lhe indica o caminho a seguir, o seu ponto de chegada. O seu plano de ação é o seu itinerário que o leva de onde você se encontra agora (sua situação atual) até lá, onde quer chegar daqui há pelo menos 12 meses (sua meta, seu farol).

Como definir sua meta para os próximos 12 meses ?

Como já é de seu conhecimento, um dos mecanismos de sucesso que você tem que compreender e aplicar em sua vida é o de aceitar conscientemente que **tudo depende unicamente de você**. Isto é, você é o único responsável de seu destino, e são as suas decisões, e também indecisões, que influenciam o rumo de sua vida nas mais variadas direções que segue. Por isso, em vez de esperar ou desejar que milagres aconteçam, o melhor que você tem a fazer é simplesmente assumir o comando da direção que quer lhe dar, e a orientar em direção dos objetivos que almeja.

Recorde-se que você deve determinar metas que :

- Lhe correspondem ao nível de suas aspirações profundas;
- Estejam em adequação com suas competências, talentos e recursos;
- Sejam claras e precisas;
- Sejam realistas e realizáveis.

Sem esquecer-se de :

- Definir as datas de início e final de concretização;
- Elaborar um plano de ação (lista específica de tarefas que levarão à sua meta);
- Organizar-se pessoalmente para alcançar seus objetivos;
- Utilizar as ferramentas de sucesso mencionadas neste livro;
- Alimentar sua autoconfiança e motivação;

- ➢ Ser paciente e perseverante;
- ➢ **Sobretudo : AGIR !**

Sem ação de sua parte, nada acontece, e seus objetivos pairam como fumaça no ar. Ao entrar em movimento você vai descobrindo os caminhos que o impulsionam em frente, em direção de sua meta. E, para definir a meta que você quer atingir dentro de 12 meses, nada mais fácil do que retomar as respostas que deu aos exercícios seguintes :

Exercício 4 : "Defina uma visão clara e precisa de seus objetivos";
Exercício 6 : "O que é que eu quero obter na vida?";
Exercício 7 : "Quem eu desejo realmente ser ?";
Exercício 18 : "Meu quadro de sonhos".

EXERCÍCIO 19

Após ter efetuado todos os exercício contidos neste livro, você já dispõe de tudo o que necessita para resumir sua meta prioritária a atingir nos próximos 12 meses. Menciono uma, mas você pode ter duas ou três, que pretende concretizar. Mas, como lhe aconselhei anteriormente, defina quantidades de metas que sabe que pode atingir, sem sobrecarregar-se, e nem colocar em risco a concretização de seus sonhos. Mais vale dedicar-se a atingir uma meta e materializá-la, do que querer perseguir 2 ou 3 ao mesmo tempo e não conseguir alcançar nenhuma delas.

Oriente-se pelas suas respostas dadas aos exercícios 4, 6 e 8, assim como de seu quadro de sonhos realizado no **exercício 18,** pegue **em seu suporte de exercícios** e :

- **Defina pelo menos uma meta prioritária a atingir nos próximos 12 meses;**
- **Elabore a sua estratégia para atingir a meta definida;**
- **Utilize a ferramenta 5W2H que aprendeu na lição 8 para redigir seu plano de ação;**
- **Mexa-se. Aja para atingir sua meta.**

Lição 20

Coloque-se em ação imediatamente

De nada serve você esperar o "bom momento" para agir, pois à força de o aguardar, você corre o risco de passar ao lado de seu sucesso, da realização de seu sonho.

Ouve-se frequentemente reflexões do gênero :

- Não é o momento certo para eu pedir um aumento salarial;
- Já sou velho demais para mudar de orientação profissional;
- O contesto económico não é propício à compra de uma casa;
- A situação económica não é favorável para lançar minha empresa;
- Não me sinto capaz de atingir minha meta;
- Não possuo a competência necessária para realizar meu sonho;
- Sinto receio de fracassar;

Como pode constatar, para muitos nunca é o momento certo para nada. Quando a maioria das pessoas desejam mudar ou fazer algo em suas vidas de acordo com as aspirações que desejam concretizar, aparecem frequentemente outros para tentar abatê-las, interrompê-las ou desmoralizá-las, fixando a dúvida, o medo, em seus espíritos, o que faz com que muitas delas desistem daquilo que mais queriam realizar. Você deve ter muito cuidado, quando em conversa com outras pessoas acerca de seus objetivos, escute frases do tipo :

- Tu não conseguirás atingir essa meta;
- Não vale à pena tentares, é muito complicado para ti;
- Estás a ser ambicioso demais;
- Penso que é melhor permaneceres como estás, para não perderes tudo;
- Vale mais ser grande entre os pequenos, do que pequeno entre os grandes;
- O dinheiro não traz felicidade;
- Contenta-te com o que tens, em vez de arriscares perder tudo, etc...

Enfim, surgem sempre aqueles que o tentam convencer que não é a ocasião certa, e mesmo insconscientemente fazem tudo para tentarem arruinar seus sonhos, por que como sentem-se incapazes e receosos em agir para conseguirem concretizar seus prórpios objetivos, creem que lhe estão a dar bons conselhos. Felizmente, muitos não se deixam desanimar moralmente por essas ondas de opiniões e energias negativas, e não permanecem na expectativa da chegada do "momento certo" para agirem em função dos objetivos que querem alcançar.

Muitos decidem, à partir de um certo instante de suas vidas, não continuarem presos em tipos de atividades profissionais, ou circunstâncias pessoais, que já não lhes proporcionam interesse algum, por continuarem sentindo-se constantemente envadidos pelo estresse, pela depressão psicológica, pelo mal estar físico, em um tipo de ambiente no qual nada mais lhes corresponde. Estas pessoas tiraram lições das influências e sugestões negativas de outras, e à um determinado momento decidiram que não eram os outros que deviam continuar a decidir do que seria bom ou não para suas vidas em geral. Sentiram que tinham todo o direito de realizar seus sonhos, cometer alguns erros e aprender através deles, de triunfar, agindo de modo totalmente racional e em função de seus próprios projetos de vida. Tomaram definitivamente consciência da necessidade de :

- ➢ Terem um projeto de vida pessoal e/ou profissional;
- ➢ Terem uma visão clara e precisa do que querem realizar;
- ➢ Definirem uma meta a atingir;
- ➢ Sobretudo, colocarem-se em ação para realizá-la.

As lições a tirar, para que você possa colocar-se em movimento em direção de suas metas, e mencionadas ao longo de todas as lições, são :

- Que você tem que ter um projeto de vida, definido de plena consciência, e que esteja de acordo com o que aspira realizar, com a a visão de suas paixões profundas, suas ambições, e principalmente em adequação com suas competências, recursos e possibilidades;
- Que você tem que sentir-se autoconfiante e acreditar no que quer alcançar, por que você possui muito mais força mental, coragem, capacidades, talentos e habilidades, do que acredita possuir;
- Que deve escolher as pessoas que frequenta de maneira a envolver-se especialmente com as que são mais positivistas, que o puxam para cima, o incentivam honestamente, em vez de o desmoralizarem e o desvalorizarem;
- Você deve sempre aprender lições de suas experiências, quaisquer que sejam os obstáculos, fracassos a transpor, e procurar sempre ameliorar-se para alcançar o seu triunfo.
- Você não deve deixar-se desencorajar pelo sentimento do medo de falhar, de sentir-se incapaz, mas sim manter a direção que definiu para atingir sua meta, e jamais renunciar. Seguir em frente

- permite-lhe manter-se concentrado e focalizado em seu objetivo, no projeto de vida que quer materializar;
- Você tem que assumir a total responsabilidade de sua vida à todos os níveis. Pois, apesar de pensar que seja fácil contar com a intervenção alheia para resolver seus problemas, os outros não devem decidir o rumo de sua vida em sua vez, e nem você deve cair na tentação de imputar a culpa de seus fracassos, seus erros, sobre os outros. Você é o autor de sua vida, de seu destino;
- Aprenda a canalizar sua energia de maneira que quando a esteja utilizando para a realização de seu projeto, ela esteja sendo direcionada totalmente nessa intenção. Mantenha-se focalizado e visualize mentalmente o resultado que deseja obter.

A diferença entre aqueles que alcançam o sucesso e os que fracassam é mínima, e a principal consiste no fato de que **os que triunfam agem** e os outros continuam a espera do "bom momento". Um bom exemplo de pessoas que refletem a falta de decisão e de passagem à ação pode ser demonstrada da seguinte maneira :

Bruno deseja lançar sua empresa por internet. Há dois anos, quando nos encontramos, era um indivíduo repleto de sonhos. Dedicou-se inteiramente para formar-se na especialidade em que deseja investir e acumulou uma grande quantidade de informações importantes e úteis para preparar-se adequadamente para o grande dia do seu arranque empresarial, aquele em que lançaria sua atividade através da internet. Preparou-se da melhor maneira possível, e no dia definido para ativar o lançamento de seu website confiou-me que o tinha de adiar por que faltava efetuar alguns ajustes. Entretanto, passaram-se cinco anos desde esse momento e ao inteirar-me de sua situação atual fiquei a saber que afinal de contas ainda não decidiu passar à ação. Segundo suas explicações, teve de remeter para mais tarde continuadamente a sua resolução por que achava que para poder combater a concorrência, o seu website deveria estar impecável no dia de abertura. E assim os anos passam e o mais provável é que Bruno nunca iniciará sua atividade, pois continua sempre a espera do "momento certo" para o fazer. E, entretanto, o tal dia apropriado nunca mais chega. Se Bruno deseja continuar a espera de estar totalmente preparado para lançar-se, por que tudo deve estar perfeito e que todas as condições devem estar reunidas, então arrisca ter de esperar muito tempo ainda para que tal aconteça. E, em resultado, o mais certo é estar já a pensar em desistir.

Pare, então, de perder seu tempo e de querer controlar completamente todas as situações e todas as condições para poder agir, por que em consequência de querer refletir demasiado sobre os mais ínfimos detalhes de seu projeto, você acaba por passar ao lado de seu sucesso. Você deve, claro, estudar seu projeto, definir sua meta, elaborar uma estratégia para a concretizar, redigir um plano de ação para a atingir. Mas deve manter-se consciente de que não consegue prever tudo, e que ao longo de seu percurso surgem alguns imprevistos, certas dificuldades, e que lhe compete corrigir sua estratégia, adaptar seu plano de ação, de maneira a contorná-las para não as deixar influenciar negativamente o seu andamento nem o desviar do caminho que definiu para atingir sua meta. O importante é você saber fazer os ajustes necessários de acordo com as novas situações que vão surgindo, sem portanto deixar-se extraviar do itinerário que definiu seguir e chegar lá onde a realização de seu sonho o espera.

Em conclusão, as decisões que têm influência no curso que sua vida segue, são todas as que você toma diariamente. Cabe unicamente à você decidir qual é o "bom momento" para lançar seu projeto, agir para atingir sua meta, e concretizar seu sonho. E a decisão mais importante que você tem para tomar, depois de ter efetuado todos os exercícios deste livro para realizar aquilo com que sonha há tanto tempo, é a de agir.

E o tal "momento certo" para o fazer é : AGORA !

EXERCÍCIO 20

Agora que a sua meta para os próximos 12 meses já está definida, coloque-se em ação desde hoje, para a atingir.

Lição 21

Nunca renuncie. Seja perseverante.

A sua intenção após colocar-se em ação, com a finalidade de atingir sua meta, tem que ser a de aumentar constantemente sua probabilidades de sucesso, dando provas de tenacidade e de perseverança. Para concretizar seus sonhos você deve comportar-se de forma proativa agindo com persistência, continuidade e empenho. É evidente que todo o êxito na realização de seus sonhos depende de sua organização, disciplina, seu esforço pessoal, de alguns sacrifícios de sua parte, e do foco que mantém na perseguição de seu triunfo pessoal. Michael Jordan, grande campeão de basketball, disse uma dia :

"Falhei mais de 9 mil cestos ao longo de minha carreira. Perdi por volta de 300 jogos. Umas 26 vezes senti-me confiante para marcar o ponto que daria a vitória à minha equipe, e falhei. Fracassei algumas vezes na minha profissão, e mais outras vezes em minha vida pessoal. Mas, finalmente, foi também por isso que triunfei".

Como vê, Michael Jordan explica que ao longo de toda a sua carreira profissional experimentou vários fracassos, momentos difíceis, e por vezes falta de confiança. Mas, o que faz a diferença é que ele nunca renunciou e trabalhou com insistência e incessantemente para transformar-se no imenso campeão que foi, e que ainda é. Falhar faz parte do processo da busca do sucesso, e existe duas maneiras de você reagir perante tal situação :

- Ou baixa os braços e desistir;
- Ou erguer a cabeça, lutar e continuar em frente, em direção do seu triunfo.

Pessoalmente, prefiro a segunda alternativa. E quando você age com motivação, tenacidade, paciência, determinação e persistência, no momento em que menos espera é recompensado de seus sacrifícios, de seus esforços. Como mencionado na lição n° 14, você deve, como ajuda, inspirar-se do percurso daqueles que triunfam, usando-os como fonte de motivação para sua própria vida. E a perseverança faz parte dos mecanismos de sucesso utilizados por aqueles que são bem sucedidos. As capacidades de resistência e de persistência são competências que você adquire e ameliora com treinamento, pois a aptidão para enfrentar acontecimentos, para recuperar após um fracasso, para fortalecer-se perante obstáculos e nunca desistir, conquistam-se, reforçam-se e mantém-se com a aquisição de experiência. Por isso, tome consciência e convença-se de que sem perseverança é muito difícil você alcançar o sucesso desejado.

Como alimentar a sua perseverança ?

Existe várias maneira para você manter continuadamente sua perseverança, e são as mesmas que deve utilizar para condicionar a sua motivação. Abaixo indico-lhe algumas que você deve aprender a empregar de modo à não deixar-se convencer pelo sentimento de desistência ao longo do percurso que o leva ao sucesso da realização de seus sonhos.

Para manter-se persistente :

- Defina sua meta de maneira clara, precisa, e com prazos de concretização;
- Defina um plano de ação realista e realizável para atingir sua meta;
- Após ter elaborado sua estratégia para a realização de seu projeto, mantenha-se firme na sua aplicação, adaptando-a ao longo de todo o seu percurso, de acordo com os avanços concretizados e com os obstáculos encontrados;
- Coloque-se em ação. Agir permite-lhe avançar no processo de realização de seu projeto, de constatar

> os resultados obtidos, e sentir-se orgulhoso e satisfeito com seu próprio progresso;
> Evite focalizar-se nas dificuldades que possa ter de enfrentar. Focalize-se nos resultados que deseja alcançar;
> Felicite-se e comemore suas vitórias intermediárias, seus triunfos, os obstáculos ultrapassados à cada etapa de seu projeto;
> Olhe em direção do futuro que almeja, agindo sempre no momento presente;
> Não tente procurar desculpas para justificar-se. Encontre soluções;
> Não deixe-se manipular pela procrastinação;
> Mantenha sempre em mente o motivo pelo qual deseja realizar seu sonho, e quais são as consequências, as vantagens que obterá em sua vida, e também para os que o rodeiam;
> Visualize pelo menos durante 5 minutos diariamente o que você deseja ser, fazer e obter em sua vida.

Lembre-se que o sentimento de medo e de ansiedade, a ausência de autoconfiança e da crença no que você quer realizar, estão entre as principais causas de insucesso, de desistência daqueles que, com persistência na realização de seus projetos de vida, os teriam certamente concretizado. A perseverança é uma das chaves de sucesso mais importante a conservar no seu caminho em direção do êxito, e por isso você a deve integrar desde já em seus hábitos pessoais. Dê um passo à cada dia em direção de sua meta, mas sobretudo avance, fazendo de sua dedicação um compromisso diário, e colocando em prática todos os dias uma ação, por mais pequena que seja, em relação com o sonho que persegue. Não perca tempo a mentalizar através de pensamentos a altura da escada que ainda falta subir até atingir o topo de seu sucesso. Suba já o primeiro degrau, e um outro à cada dia. E, assim, pouco à pouco chegará cada vez mais perto do patamar correspondente ao seu triunfo total.

O seu limite, como sabe, é unicamente aquele que você determina para si mesmo. E, com ânimo, confiança, determinação e perseverança, você consegue realizar o que deseja, com a única condição de agir para o alcançar.

EXERCÍCIO 21

Em seu suporte de exercícios :

- ➢ **Enumere 5 ações passadas através das quais deu provas de perseverança;**

- Enumere outras 5 ações para as quais você não foi perseverante;
- Analise suas duas listas e procure compreender porque, por um lado, você foi capaz de chegar no final do que definiu como meta a atingir, e porque desistiu antes de concretizar as outras 5 ações;
- Pegue na lista das metas que definiu para os próximos 12 meses, no exercício 19, e escreva de maneira clara e precisa, os meios para as atingir procurando desde já antecipar alguns obstáculos que possam surgir ao longo do seu percurso, e antecipe soluções.

Conclusão

Você decidu mudar de tipo de vida, e para o fazer chegou com certeza à conclusão que muitas de suas crenças e hábitos devem ser mudados, por não se enquadrarem com as atitudes que deve ter para realizar um sonho que almeja. Procurei através das experiencias adquiridas ao longo de minha existência, orientá-lo com a intenção principal de o ajudar a definir finalmente pelo menos uma meta que você deseja atingir em sua vida. No caso de ter completado todos os seus exercícios deste livro, você já sabe neste momento o que quer ser, fazer e obter na sua vida, e já definiu sua meta para os próximos 12 meses, tendo também elaborado sua estratégia e estabelecido o seu plano de trabalho para a atingir.

Você é o único responsável de seu destino e o deve assumir completamente, cessando de o deixar ao serviço do acaso, ou sob a influência de outrém. Existe um grande líder dentro de si à espera de ser despertado pela adopção de um bom estado de espírito de sua parte. Para isso, você tem que pensar de modo diferente, preferindo refletir e agir de modo positivo, e integrando os mecanismos de sucesso em seus comportamentos quotidianos. Utilizando as ferramentas à sua disposição para alcançar o sucesso, o receio de fracassar transforma-se em coragem e determinação, que o fazem percorrer seu caminho até o momento em que finalmente o seu sonho converte-se em realidade. E de seu quadro de sonhos, imagens vão sendo substituídas por outras, à medida que uma após outra suas metas vão sendo atingidas.

Se ainda não se colocou em movimento para concretizar seu sonho, a sua última etapa agora para dirigir-se rumo ao seu sucesso pessoal é a ação. E isso depende unicamente de você, pois ninguém o pode fazer em seu lugar. Sem atividade de sua parte, seus sonhos continuam pairando em sua imaginação, sem nunca se materializarem.

POR ISSO : AJA !

Agradeço pela sua confiança, e desejo-lhe todo o sucesso que almeja.

Agradecimentos

À minha querida esposa, por estar sempre ao meu lado em todos os momentos de minha vida, e pelo seu amor e apoio incondicionais.

Aos meus queridos filhos que, pelo amor, respeito, sugestões e conselhos que me proporcionam, servem-me de fonte de inspiração e ampliam a minha capacidade de continuar a sonhar.

Aos meus queridos netos que, apesar de tão novos, fazem-me acreditar que vivemos através das memórias do que permanece.

À todos os meus leitores, pela confiança que depositam em meus conselhos, e aos quais procuro retribuir com as melhores sugestões, a fim de lhes proporcionar uma melhor qualidade de vida.

www.ingramcontent.com/pod-product-compliance
Lightning Source LLC
Chambersburg PA
CBHW031615210526
45464CB00004B/1591